中小企業の経営を支援する

「相談される金融マン」になるための
労働・社会保険 & 助成金 活用ガイドブック

社会保険労務士　鈴木邦彦［著］

株式会社 きんざい

はじめに

　金融機関には、今、中小企業の経営改善・体質強化のための支援の本格化、コンサルティング機能の発揮が強く求められています。
　中小企業の経営にとって重要な「労働・社会保険＆助成金」の知識の提供や活用のアドバイスは、人的資源や情報が不足しがちな中小企業の事業主が金融機関に期待する役割の1つです。
　みなさんの訪問先を思い出して下さい。一体、いくつの事業所が「労働・社会保険＆助成金」を活用しきれているでしょうか。それどころか、本来加入すべき社会保険に未加入の事業所すら多いのではないでしょうか。
　本書は、中小事業主にニーズの強い「労働・社会保険＆助成金」の知識を身に付けることで、中小事業主と経営改善・体質強化の支援につながるコンサルティングができるような関係を作ることを目指します。日頃かわす中小事業主等との会話のなかから「労働・社会保険＆助成金」に関連する悩みを見つけ、それに対してアドバイスする方法を、採用から退職まで、いわば企業のライフステージに合わせて、事例を挙げながら分かりやすく紹介します。さらに、公的年金等を補完するという観点から、金融機関で取り扱うと思われる各種民間の保険等についても取り上げています。
　ぜひ、お客様からの信頼を勝ち取るためのツールとして、本書を大いに活用して下さい。本書が読者や金融機関、そしてお客様の新たな可能性を広げていく一助となることを願ってやみません。
　本書の執筆にあたっては、所属する金融機関の方々にたくさんのアドバイスをいただきました。この場を借りて心より感謝を申し上げます。
　なお、本書では、事業主に対する「労働・社会保険＆助成金」の活用という観点から、労働者災害補償保険と雇用保険を総称して「労働保険」、健康保険と厚生年金保険を総称して「社会保険」と定義しています。また、顧客として登場する会社名・個人名は全て架空のものであり、実在するものとはいっさい関係はありません。内容は原則として平成26年4月現在の法令等に基づいています。

平成26年4月　　　　　　　　　　　　　　　　　　　　　　鈴木　邦彦

目 次

第1章 労働保険・社会保険・助成金の概要

第2章 採用・従業員教育

1. 新卒採用・中途採用 　8
2. パートタイマーの活用 　12
3. パートタイマーの税金 　16
4. 障害者の雇用 　21
5. 従業員教育 　26

第3章 病気やケガ・障害・死亡

1. 病気やケガに関する給付等 　32
2. 障害に関する給付等 　44
3. 死亡に関する給付等 　55
4. メンタルヘルス 　72

第4章 出産や育児・介護

1. 出産や育児に関する給付等 　80
2. 男性への育児休業制度の推進 　86
3. 介護に関する給付等 　88

第5章 退職準備

1. 従業員のための退職金準備　96
2. 経営者のための退職金準備　102
3. 個人年金保険　107
4. 個人型確定拠出年金　114
5. ねんきん定期便　122

第6章 定年と再雇用

1. 高年齢者雇用安定法　130
2. 高年齢雇用継続給付　135
3. 在職老齢年金　141
4. 60歳以降の社会保険料　147
5. 厚生年金保険の特例　151
6. 加給年金と振替加算　156
7. 60歳での退職　162
8. 失業（基本）手当と高年齢求職者給付金　168

第7章 老齢年金

1. 年金請求に関する誤解　174
2. 事業主への協力依頼　181
3. 夫婦別世帯の年金請求　186
4. 65歳時の注意点　189

■著者略歴■

鈴木　邦彦（すずき　くにひこ）
社会保険労務士
昭和49年11月1日生まれ、東京都青梅市出身

当時の就職難から、大学卒業後も将来の方向性が定まらず、学生時代から引き続き地元のガソリンスタンドでアルバイト生活を続けていたところ、社会保険労務士という資格に出会い、将来のことを考えて手に職をつけようと独学で勉強を始める。平成17年に社会保険労務士試験に合格後、地域金融機関に勤務し、人事関係業務を経験後、現在は公的年金関係業務を中心に社会保険の活用方法等の紹介活動も行っている。特に公的年金関係業務に関しては、公的年金受給口座の獲得を目的とした各支店年金担当者への指導を行うだけでなく、「民間の保険・年金を推進するためには公的年金の知識が必要不可欠である」という信念のもと、公的年金を補完するための民間の保険・年金の推進活動も行っている。現在の重点項目は、金融機関に勤務する社会保険労務士という立場から、一般個人・事業主を問わず「年金空白期間」への対応を提案していくことである。

第1章
労働保険・社会保険・助成金の概要

田中:『こんにちは、営業推進部の鈴木さん。いつもありがとうございます。
　　　私、今回の異動で渉外係になりました。今後ともよろしくお願いします。』

鈴木:『こちらこそよろしくお願いします。ところで田中さん。
　　　渉外係はいかがですか？』

田中:『そうですね。
　　　相変わらず中小企業の実態は厳しいようです・・・。』

鈴木:『何かあったようですね。ぜひ、詳しく教えて下さい。』

Case

カナリ精密(株)は精密部品製造を主な業務としている、従業員十数人程度の融資取引先です。景気の低迷により、受注件数の減少とダンピングに悩まされたこともありましたが、製品精度の高さを売りにすることで生き残りに成功しています。渉外係の田中君は新任のあいさつのため、金成社長を訪ねました。

第1章 労働保険・社会保険・助成金の概要

 鈴木さんからのアドバイス

田中：『カナリ精密の財務状態を調べてみたら、追加融資をお願いしたいくらいによいのですが、そんな状況でも中小企業は厳しいのでしょうか。』

鈴木：『「金融機関というしっかりとした企業に勤めていて恵まれていますよ」「うちみたいな小さい企業の事業主は商売以外の面でも税金やら保険料やら何かと厳しいですから」とおっしゃっていた社長が伝えたかった苦労の1つに、労働保険や社会保険の保険料等の負担の重さがあるかもしれません。受けられるメリットを十分理解していないために、保険料の負担ばかりを感じていることが考えられます。例えば、労働保険・社会保険の仕組みや活用方法をいくつかお伝えすると、社長の負担感も変わってくるかもしれませんよ。』

　私たちの日常生活には、出産や定年退職といった出来事とともに、ケガや事故といった不測の出来事もありますが、労働保険（労働者災害補償保険・雇用保険）と社会保険（厚生年金保険・健康保険）があることで、こうした不測の事態にもある程度対応することができます。また、事業主が、労働保険・社会保険の給付を有効活用し、労働者に対する支援を行っていくことができれば、信頼できる職場環境を形成することができるようになり、事業の発展と継続にもつながっていきます。

（1）労働者災害補償保険の概要

　労働者災害補償保険（労災保険）とは、労働者が仕事に関係する災害により、ケガや病気にかかった場合や、障害者になってしまった場合、万一死亡してしまった場合などに、その労働者や遺族に対して所定の給付を行う制度です。

　業種ごとに労災保険料率が定められ、保険料は賃金に基づき算出しますが、仕事に関係するリスクは事業主が背負うべきとの考え方のもと、労災保険料は全額事業主が負担することになっています。そのため、労災保険には被保険者という考え方は存在しません。給与明細をみても、労災保険料はどこにも記載されてい

ないはずです。なお、労災保険に関する申請等は、原則として、労働基準監督署に対して行います。

（2）雇用保険の概要

労働者の失業に備えることを主な目的としていますが、失業の予防や労働者の能力の開発及び向上、福祉の増進などに役立つ給付を行う制度です。

雇用保険料は事業の種類（一般の事業、農林水産清酒製造の事業、建設の事業）によって定められていて、賃金をもとに算出し、労使双方で保険料を負担しますが、事業主側の負担率のほうが多くなっています。給与明細をみると雇用保険料と記載されているはずです。

また、雇用保険料は厚生労働省からの助成金（支援金）の財源にもなっています。雇用保険の適用事業所であることが、国から助成金（支援金）の支給を受けるための必須条件です。なお、雇用保険に関する申請等は、原則として、ハローワーク（公共職業安定所）に対して行います。

（3）厚生年金保険の概要

厚生年金保険とは、労働者の老齢、障害または死亡について保険給付を行い、労働者とその遺族の生活の安定と福祉の向上に寄与することを目的とした制度です。

厚生年金保険料は、毎月の給与と賞与をもとに算出されます。原則として労使双方で半分ずつ負担します。給与明細をみると厚生年金保険料と記載されているはずです。この保険料は給与と賞与をもとに算出しますので、昇給をしたり、賞与の額が多かったりした場合には保険料も増加します。

厚生年金保険は、自営業者等が加入する国民年金保険に比べ、各種保護が手厚く、また、厚生年金保険料のなかには国民年金保険料も含まれているので、厚生年金保険から給付を受ける際に同時に国民年金からの給付も受けることができる場合があります。また、国民年金の第3号被保険者（サラリーマンの妻など）の保険料も、厚生年金保険料を財源としていますので、別途納付する必要はありません。なお、厚生年金保険に関する申請等は、原則として、年金事務所に対して行います。

（4）健康保険の概要

　健康保険とは、労働者とその家族に対し、仕事とは関係のないケガや病気、死亡などに対する給付や出産に対する給付を行い、生活の安定と福祉の向上に寄与することを目的とした制度です。

　健康保険料は、毎月の給与と賞与をもとに算出されます。原則として労使双方で半分ずつ負担します。給与明細をみると健康保険料と記載されているはずです。この保険料は給与と賞与をもとに算出しますので、昇給をしたり、賞与の額が多かったりした場合には保険料も増加します。

　自営業者等が加入する国民健康保険に比べ、各種保護が手厚く、また、家族（被扶養者）の保険料については、互いに支え合うという考え方のもと、別途保険料を徴収されることはありません。健康保険に関する申請等は、原則として、全国健康保険協会（協会けんぽ）または加入している健康保険組合に対して行います。

 活用のヒント

　「うちみたいな小さい企業の事業主は商売以外の面でも税金やら保険料やら何かと厳しいですから」とおっしゃっていた社長が伝えたかった苦労の1つは、社会保険料等の負担の重さかもしれません。受けられるメリットを十分理解していないために、保険料の負担ばかりを感じていることが考えられます。例えば、金成社長に以下のようなことを尋ね、そのあとで社会保険の恩恵をいくつか紹介してみましょう。

・「確かに保険料の負担は大きいですが、受けられるメリットもあります。労働保険や社会保険からどのような給付や助成金が受けられるかご存知ですか？」
・「労働保険料や社会保険料の負担は大きなものですが、いざという時には役に立ちますよね。」

　また、社会保険に加入すると労働者のみならず事業主側にも保険料の納付負担が生じます。万一の際の保険としての役割があることについて以下のような案内をしてみましょう。

・「厚生年金保険は、老齢年金としてだけでなく、万一、障害状態になってしまったときの障害給付や、本人が亡くなってしまったときの遺族給付としての役割もあります。事業主にとっても、社会保険に加入するということは、従業員が被った損失への補償にもなります。」
・「社会保険に加入するということは、社会的な義務を果たしているという意味合いもあると思います。」
・「健康保険には家族に対する給付もありますが、たとえ家族が増えたとしても保険料は増加しません。事業主の負担が大きく増加することもありません。」
・「健康保険は自営業者等が加入する国民健康保険に比べて被扶養者に対する保険料の負担がなかったり、給与の補填に相当する給付があったりするなど、保護が手厚いという特徴があります。」

第2章 採用・従業員教育

1. 新卒採用・中途採用

Case

　田中君がカナリ精密㈱を定期訪問したときのことです。内心、追加融資の案内につながればと期待していました。

鈴木さんからのアドバイス

田中：『猫の手も借りたい様子でしたが、すぐに仕事ができる人なんてそうそう見つからないですよね。』
鈴木：『すぐに仕事ができる人を探すのは難しいですが、例えば、ハローワーク（公共職業安定所）を活用して中途採用者を募集することを提案してみるのはどうでしょうか。助成金が支給されることもあるのですよ。』

（1）ハローワークでの求人

　原則として、雇用保険の適用事業所であれば、パートやアルバイト、正社員など雇用の形態を問わず、ハローワーク（公共職業安定所）を通じて必要な人材を募集することができます。

　求人の情報は、その申し込みをしたハローワークだけでなく、その他の地域のハローワークにも送ることができ、幅広く人材の募集をすることができます。なお、社会保険を完備していたほうが必要な人材が集まりやすくなります。

　また、将来の戦力となる人材を募集する際には、就職活動をする学生を対象とした新卒応援ハローワークに求人情報を公開することも可能です。

（2）トライアル雇用奨励金

　事業主として、1人でも多くの優秀な人材を確保し事業の発展と継続に役立てたいと考えるのは当然のことですが、採用側の希望と被用者側の希望や適性の隔たり（ミスマッチング）によって、採用した人材が思うように育たなかったり、一人前になる前に離職してしまったりすることがよく起こります。

　採用の時点で労働者の適性や業務遂行の能力を判断できれば、こういったミスマッチングを未然に防止することができますが、実際に一緒に仕事をしてみないと分からないというのが現実でしょう。

　ハローワークには、企業と労働者相互の理解を深め、その後の常用雇用への移行や雇用のきっかけ作りを支援するためのトライアル雇用奨励金の制度があります。

トライアル雇用奨励金は、雇用保険適用事業所の事業主がハローワークの紹介で、対象となる労働者を原則として３カ月間雇用（トライアル雇用）し、お互いに業務遂行に当たっての適性や能力などを見極めて理解を深めた上で、常用雇用への移行や雇用のきっかけを作ることを目的とした制度です。
　なお、対象となる労働者とは、「職業経験、技能、知識等から安定的な就職が困難な求職者」です。
　トライアル雇用が認められれば、その後の採用の有無にかかわらず、対象となる労働者１人当たり、最高12万円が事業主に支給されます。

＜トライアル雇用奨励金の支給額＞
対象となる労働者１人当たり最高12万円

　トライアル雇用労働者１人につき月額４万円を上限とし、支給対象期間（最長３カ月間）の合計額となります。
　トライアル雇用期間中に、労働者側の責任による解雇や労働者側の都合による退職等があった場合には、それまでの日数に応じた割合で支給額が調整されます。
　トライアル雇用を実施しようとする事業主は、ハローワーク等でその旨の求人登録を行い、ハローワークや職業紹介事業者などから対象となる労働者の紹介を受けることになります。助成金とは、申請から受給に至るまでの取組みに対する評価をもとに支給されるので、条件に当てはまる労働者を既に採用していたので後から申請をするといった、いわゆる「後出し」はできません。
　トライアル雇用には、労働者の早期再就職の実現や雇用機会の創出という目的もあります。労使双方の出会いの場として、ハローワークを積極的に活用しましょう。

活用のヒント

　雇用保険に加入している事業所は当然ハローワークを通じて人材を募集しているように思いますが、活用されていないこともあります。ハローワークは一般の求人誌などと違い無料で利用でき、コスト面でも有利です。まずは、以下のように、ハローワークでの求人について話をしてみましょう。

・「**ハローワークで人材を募集するのはどうでしょうか。雇用保険の適用事業所であれば無料で募集ができるので、雇用保険料の有効活用にもつながります。**」
・「**ハローワークの求人は無料なので、求人誌等で募集するよりもコストを抑えることができます。**」

　また、より積極的に人材を確保するため、採用に関する助成金の活用を提案してみましょう。人手不足を解消するためだけではなく、事業の拡大を検討している場合にも有効です。

　なかでも、トライアル雇用奨励金は、労使双方の相性を確認しながら、常用雇用につなげることができ、助成金を受給できる可能性も高い制度です。助成金活用の入り口として提案することで、助成金の存在に目を向けてもらうきっかけにもなります。

　ただし、助成金を受給するには、雇用保険の適用事業所であることなどの一定の制約があることに注意して下さい。トライアル雇用奨励金は、企業にとって貴重な戦力となる原石（資質）を見つけ出し、磨き上げていく（育て上げていく）きっかけとなる制度であるともいえます。

　なお、助成金制度は年度ごとに変更の可能性もありますので、詳細については専門部署の担当者やホームページ等で確認をした上で提案するようにして下さい。また、助成金の受給に向けての具体的な方法や手続きについては、直接、事業所の所在地を管轄するハローワークに問い合わせていただきましょう。

　ハローワークでの求人やトライアル雇用奨励金の申請は、ハローワークの存在をより身近に、積極的に活用するきっかけにもなります。ハローワークとの接点を作るという意味においても、ハローワークでの求人やトライアル雇用奨励金の申請に目を向けてみましょう。

2. パートタイマーの活用

Case

　田中君はカナリ精密(株)の金成社長とのやりとりのなかで、中小企業の人材確保の難しさや重要性に気づきつつあるようです。そんな折、白井プリント(有)を訪問しました。白井プリントは、ポスター・チラシ・名刺等のデザイン発案から印刷までを一括して行っている、従業員が10人程度の会社です。納品の早さとデザインセンスのよさが好評を博し、地道に業績を伸ばしています。

鈴木さんからのアドバイス

田中：『私たちの取引先は、それぞれ状況が異なることが分かってきました。人を減らしたい企業もあれば、人を雇いたくてもその余裕がない企業もあるのですね。』

鈴木：『全くそのとおりです。人を雇いたくてもその余裕がないときには、例えば、労使ともに社会保険に入らない範囲でパートタイマーを採用することもできます。また、将来、余裕ができたときにパートタイマーを社員にした場合に、事業主が活用できる助成金もありますよ。白井社長に増員に対する考え方を聞いた上で、場合によってはパートタイマーの活用を提案してみてはどうですか。』

　パートタイマーとは、フルタイムで働く正社員より短時間で働く労働者のことであり、パート・アルバイト・準社員・嘱託社員などの名称の違いは問いません。
　労働時間と社会保険の適用には密接な関係があります。このことに配慮してパートタイマーを活用すれば、事業主の社会保険料負担の軽減を図りながら、必要な労働力を確保することが可能です。また、パートタイマーのなかには夫の扶養の範囲で働くために、あえて社会保険に加入しないことを希望する人もいます。パートタイマーを採用するに当たってこうした希望とのマッチングが成立すれば、労使双方にとって有益です。

（1）75％未満のルール
　原則として各事業所の1カ月の労働時間と労働日数は労働基準法に定める法定労働時間と法定労働日数を超えないように定める必要があります。これを所定労働時間、所定労働日数と呼びます。
　1日（または1週間）の所定労働時間と、1カ月の所定労働日数がともに正社員のおおむね75％以上の場合、原則としてパートタイマーでも社会保険に加入しなければなりません。別な言い方をすれば、所定労働時間と所定労働日数が正社員の75％未満であれば、社会保険に加入する義務はないことになります。

ただし、仕事の内容などを総合的に判断した結果、正社員と同様に扱うことが望ましいとされた場合には、75％未満の基準を満たしていても社会保険の被保険者として扱われることがあるので注意が必要です。事業主としては、75％未満のルールに則った上で、正社員と違った、あくまで限定的な業務に従事してもらうことで、パートタイマーを有効に活用することが可能なのです。
　なお、平成28年10月から1週間の労働時間が20時間以上の者を社会保険の加入対象者とするなど、短時間労働者への社会保険の適用拡大が予定されていますので、今後の情報には注意が必要です。

（2）労働保険の加入条件について

　労働保険は社会保険よりも加入対象となる従業員の範囲が広くなっています。労災保険については全従業員、雇用保険については1週20時間、かつ、継続して31日以上の使用見込みがある従業員ならば被保険者としなければなりませんから、社会保険に加入しなくてよいからといって労働保険の加入も免除されるわけではありません。つまり、日常的に使用される労働者ならば原則として労働保険は適用されるのです。

（3）助成金の活用

　雇用保険には助成金制度があり、法令を遵守し、適正な労働管理を行っていれば、事業主への助成として補助金が支給される可能性があります。
　例えば、パートタイマーと正社員との均等待遇実現のため、正社員への転換制度や正社員と共通の処遇制度、教育訓練制度、短時間正社員制度を導入・運用する事業主に対して助成金が支給される可能性があります。「パートタイム労働者または有期契約社員と正社員との均等待遇実現推進等のための措置を講じた事業主に対して支給される助成金がある」と覚えておくとよいでしょう。
　前述しましたが、助成金は、申請から受給に至るまでの取組みに対する評価をもとに支給されるものです。条件に該当していたので、後から申請をするといった、いわゆる「後出し」はできないことを補足して伝えましょう。
　助成金については年度ごとに変更の可能性もあるため、詳細については厚生労働省やハローワークのホームページで確認するよう伝えましょう。

 **活用のヒント**

　白井社長は、「うちにはまだ社員を増やせるだけの余裕はない」と言っているものの、「たまには人手が欲しい」とも言っています。以下のようなことを尋ねることで、社長の増員に対する本音を知ることができるかもしれません。

・**「せめてパートタイマーにでも来て欲しいくらいの忙しさですね。」**
・**「社員を雇うとなると、社会保険料についても考えないといけませんからね。」**

　また、社員の雇用に積極的な場合、パートタイマーからの採用を対象とした助成金についても提案してみましょう。

・**「将来的には社員の増員を考えていらっしゃるのですか。今なら、パートタイマーから採用した人を対象に助成金が出るみたいですよ。」**

　なお、平成28年10月に、社会保険の適用条件が変更され、パートタイマーなど短時間労働者に対する厚生年金保険、健康保険の適用拡大が予定されています。1年以上の雇用が見込まれる短時間労働者に対して以下の要件に当てはまる場合、厚生年金保険、健康保険への加入が義務づけられることになっています。

> 1．1週間の労働時間が20時間以上であること
> 2．賃金月額が8万8,000円以上（年収106万円以上）であること

　ただし、当面は従業員501人以上の事業所が対象となる予定です。この点についても留意しておいて下さい。

　現在、パートタイマーを有効活用している事業所に対しても、厚生年金保険、健康保険の適用拡大について伝えてみましょう。社会保険の負担増につながる問題ですから、きっと耳を傾けてもらえるはずです。

・**「社会保険適用の基準が平成28年10月から変更になる予定です。当面は大手の企業を対象にしたものになりますが、パートタイマーの勤務形態見直しが必要になると思います。」**

3. パートタイマーの税金

Case

棚沢商店(有)は、コンビニエンスストアのフランチャイズ経営を行っています。11月のある日、田中君が訪問すると、レジ裏の小さな控室で棚沢社長が頭を抱えていました。

鈴木さんからのアドバイス

田中:『何か間違ったことを言ったのでしょうか？』
鈴木:『決して間違ってはいませんよ。でも、その受け答えでは棚沢社長は田中君にそれ以上相談しようとは思わないでしょう。パートタイマーの税金と社会保険には密接な関係があるのです。その関係を理解した上で、社長の悩みをもう少し掘り下げて考えてみましょう。』

　年末調整とは給与所得から源泉徴収された所得税の過不足を年末に精算することで、会社が行います。サラリーマン世帯にとっては、正確な計算をすることによって納め過ぎた税金が還付され、足りなかった税金を納めなおす重要な調整作業です。夫の扶養の範囲内で働くパートタイマーなら、年末近くになると年収の計算に追われることも多いのではないでしょうか。

　収入には通常支払われる賃金のほかに、賞与、一定以上の食費、通勤費などがありますが、パートタイマーとして一定の年収で働くことを意識した場合、特に通勤費について注意すべき点があります。

　健康保険の被保険者の扶養の範囲内で働くための年収を考える場合、通勤費は年収に含まれますが、住民税や所得税の計算においては基本的に通勤費は年収に含まれないのです（通勤費は公共機関を利用の場合、原則として月10万円まで非課税だからです。ただし、自動車等で通勤する場合には、距離に応じて課税されます）。

　つまり、「社会保険の適用を考える場合、通勤費は年収（収入）に含めるが、税金を考える場合、基本的に通勤費は年収（収入）に含めない」ということです。

　社会保険に加入しない範囲内で働くパートタイマーが意識する年収（収入）には、次の3つの段階があります。

（1）	健康保険の被保険者の扶養の範囲	130万円
（2）	所得税の非課税の範囲	103万円
（3）	住民税の非課税の範囲	100万円

（1） 健康保険の被保険者の扶養の範囲（年収130万円未満）

　前述のように年収には通勤費を含めて考えます。そのため被保険者の扶養の範囲（健康保険の被保険者にならない範囲）で働くのであれば、通勤費も含めて考えなければなりません。

　通勤費に関しては、転勤や引っ越し、交通機関の値上がりなどで思わぬ影響を受けることがあります。特に転勤については、通勤可能な範囲であったとしても、通勤費の増加よって社会保険の扶養の範囲を超えることのないように事業主側の配慮が必要になります。

（2） 所得税の非課税の範囲（年収103万円以下）

　パートタイマーの年収（収入）について、最も関心が高いのは所得税の非課税の範囲の103万円以下ではないでしょうか。

　パートタイマー以外の収入がないのならば、所得税の計算上、「基礎控除の額38万円＋給与所得控除の額65万円＝103万円」までは所得税が非課税になります。また、この際の年収（収入）には基本的に通勤費を含めません。

　この年収（収入）を超えても配偶者特別控除を受けることはできますが、夫（妻）が所得税の配偶者控除や会社から支給される扶養手当を受けられなくなるなどの影響があるため、せっかくならば年収103万円以下の範囲内に収めようとする方が多いようです。また、この範囲内に収めていれば、年収が130万円未満となるので、基本的には健康保険の扶養条件についても特に意識する必要はありません。

（3） 住民税の非課税の範囲（年収100万円以下）

　住民税の非課税の範囲は基本的に年収100万円以下です。パートタイマー以外の収入がないのならば、住民税の計算上、通常「給与所得控除の額65万円＋非課税限度額35万円＝100万円」まで非課税になります。ただし、この範囲については市区町村により若干の違いが生じることがありますので注意して下さい。

　100万円の範囲を超えて課税されるようになったとしても、住民税に関してはそれほど気にしていないパートタイマーが多いようです。

活用のヒント

パートタイマーにとっては、税金や社会保険の扶養範囲を考慮して、あえて年収を抑えて働くことも重要です。しかし事業主の側からすると、パートタイマーの労働時間の調整により、思わぬ年末の人手不足を招いてしまうことがあります。

残業等の影響で後になって調整が必要になるのは仕方のないことですが、これを防止するため、労使ともによく話し合った上で、年間の就業スケジュールを立てておくことが重要です。

パートタイマーの収入を考えるときには以下の額について、それぞれの違いを理解しているだけでも、小売店等の年末の話題に対応できます。

130万円	健康保険の被保険者の扶養の範囲
103万円	所得税の非課税の範囲
100万円	住民税の非課税の範囲

例えば、年収の調整と健康保険の被保険者の扶養の範囲から話を進め、人繰りの悩みを聞いてみましょう。同業他社の対策などの情報を提供することで、喜ばれるかもしれません。

・「健康保険の扶養の範囲130万円、所得税の非課税の範囲103万円、住民税の非課税の範囲100万円の収入の3段階は、パートタイマーにとって気を遣うところですよね。」

・「パートタイマーの年収調整でみなさんがいっせいにシフトから外れると人手の遣り繰りが大変ですから、年間の就業スケジュールも必要になってきますね。御社では何か対策をされていますか？」

次に通勤費の影響について考えてみましょう。通勤費は所得税の103万円の基準と健康保険の扶養の範囲の130万円の基準に直接影響してくる、重要な要素です。繰り返しになりますが、103万円とは、所得税を課税するか否かの基準です。非課税扱いになった通勤費はあらかじめ除いてよいことになります。これに対して、130万円とは、健康保険の扶養の範囲となる収入の基準です。各種税金を差し引く前の収入には、通勤費も含めて考えるのです。この点は多くの事業主、パートタイマーともに意識していない点です。

- 「103万円と130万円の違いを考えるときには、通勤費に注意が必要です。」

　転居や転勤があった場合には、転居や転勤の前後を含めて通勤費を考えなければならないため、特に注意が必要です。

- 「130万円の基準を考えるときには、引っ越しや転勤にも注意しなければなりません。」

　ただし、健康保険の被保険者の扶養の範囲について判断に迷うときには、直接、各健康保険組合に確認するように促して下さい。

　なお、通勤費の含め方については、原則として、以下のように覚えておけばよいでしょう。

```
税金（住民税・所得税）　　　　　→通勤費は含めない
社会保険（健康保険の扶養の範囲）→通勤費を含める
```

4. 障害者の雇用

Case

　(株)糸井紡織では主にタオルの製造・販売を行っています。その品質が高く評価され、大手百貨店と契約するなどして、順調に業績を伸ばしています。現在では従業員数も50人近くになり、業務拡大も考えています。糸井社長と新規融資の話し合いを行っていたときのことです。

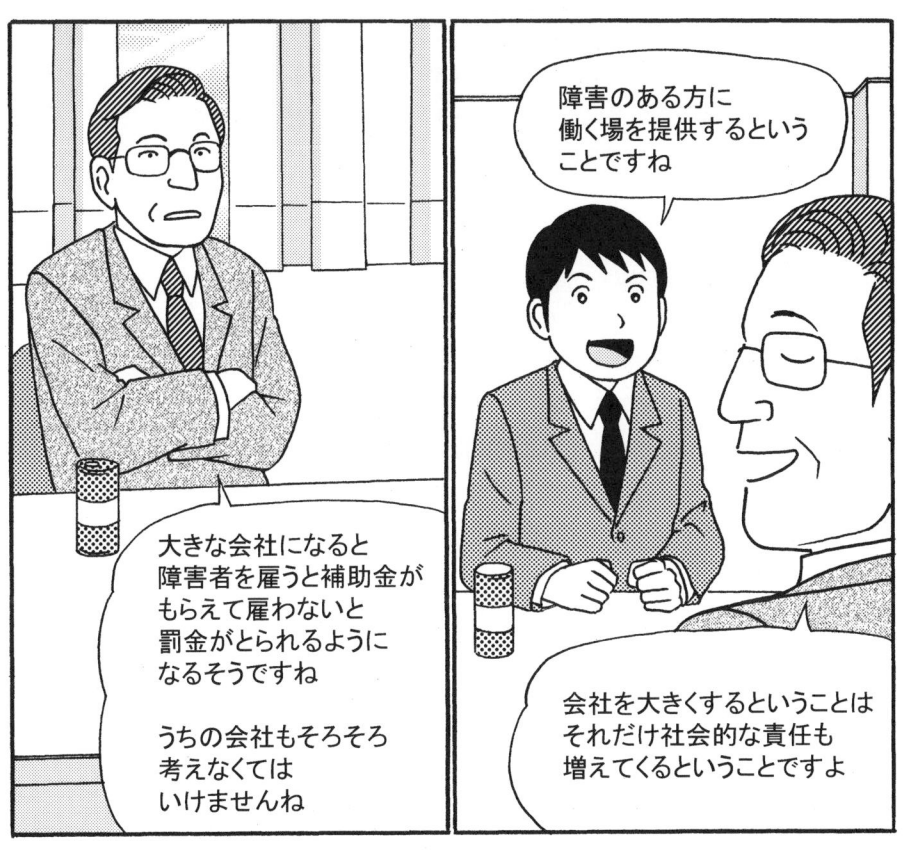

鈴木さんからのアドバイス

田中：『障害のある方の雇用を確保しなければならないことは分かるのですが、糸井社長の言っていた補助金や罰金とは、一体何のことなのでしょうか？』
鈴木：『障害者雇用制度と障害者雇用納付金制度のことです。障害のある方が積極的に社会に参加するための重要な制度です。これらの制度のポイントをお伝えできれば、糸井社長も喜ぶかもしれませんよ。』

障害者の雇用状況は着実に改善されてはいるものの、中小企業を中心としてその取組みはいまだ十分とはいえません。そこで、事業主に対して一定率の障害者の雇用を義務づけることとし、基準を達成した企業に対しては補助金（調整金）を支給し、未達成の企業に対しては徴収金（納付金）を徴収することとされています。この制度を含め障害者の雇用改善について定めた法律を「障害者雇用促進法」といいます。

（1）障害者雇用促進法の詳細

障害者雇用促進法とは、事業主に対し一定の障害者雇用を義務づけ、それに伴う雇用促進のための措置や職業リハビリテーションの措置等を通じて、障害者の雇用の安定を図ることを目的としています。

事業主に対する措置として、雇用義務制度と納付金制度が設けられています。

①雇用義務制度

雇用義務制度とは、事業主に対して、法定雇用率以上の身体障害者・知的障害者の雇用を義務づける制度です。

法定雇用障害者数（障害者の雇用義務数）の計算方法は、「常用労働者×法定雇用率」です。

法定雇用率は〔図表1〕のようになっています。

つまり、民間企業で常用労働者が50人以上であるならば、障害者を雇用する義務がある事業所になります（50人×2.0％＝1人）。

〔図表1〕法定雇用率

民間企業	2.0%
国・地方公共団体・特殊法人等	2.3%
都道府県等の教育委員会	2.2%

なお常用労働者には、週所定労働時間が30時間以上の労働者のほか、週所定労働時間が20時間以上30時間未満の短時間労働者を含みますが、短時間労働者の数は2分の1として計算します。

> 法定雇用障害者数（民間企業）＝
> （週所定労働時間が30時間以上の労働者の数＋週所定労働時間が20時間以上30時間未満の短時間労働者の数×0.5）×2.0％

②納付金制度

　障害者雇用納付金制度とは、事業主間の経済的負担を調整するため、雇用する障害者の数が法定雇用率（民間企業は2.0％）未満の事業主（雇用率未達成事業主）から、障害者雇用納付金を徴収し、それを原資として、法定雇用率を超えて障害者を雇用する事業主（雇用率達成事業主）に対して、障害者雇用調整金や助成金を支給する制度です。

(a)**障害者雇用納付金**

　常用雇用労働者が200人を超える雇用率未達成事業主は、障害者雇用納付金として、その雇用する障害者が1人不足するごとに、1カ月当たり5万円が徴収されます。ただし、平成27年6月までの間、常用雇用労働者が200人超300人以下の事業主に課される納付金については、5万円を4万円に減額する特例が実施されています。

　なお、平成27年4月からは常用雇用労働者が100人超の事業主に納付金の対象範囲が拡大されますが、常用雇用労働者が100人超200人以下の事業主については、平成32年3月までの間、納付金の5万円を4万円に減額する特例が実施される予定です。

(b)**障害者雇用調整金**

　障害者雇用率が法定雇用率を上回っている常用雇用労働者が200人（平成27年4月からは100人）を超える雇用率達成事業主に対し、障害者雇用調整金と

して、その超えて雇用する障害者1人につき、1カ月当たり2万7,000円が支給されます。
　また、常時雇用労働者が200人（平成27年4月からは100人）以下で、各月の雇用障害者数の年度間合計数が一定数（各月の常用労働者数の4％の年度間合計数または72人の多いほうを基準とします）を超える障害者多数雇用中小事業主に対しては、報奨金として、その超えて雇用する障害者1人につき、1カ月当たり2万1,000円が支給されます。

（2）障害者雇用に関する助成金
　障害者を雇い入れたり、雇用を継続したりするために職場環境の整備等を行う事業主に対し、納付金を財源とした各種助成金の支給制度があります。
　取り扱いについては多岐にわたり、内容の見直しが行われることも多いので、独立行政法人高齢・障害・求職者雇用支援機構のホームページ等で確認をするようにして下さい。

活用のヒント

　糸井紡織のような従業員50人近くの規模の会社になると、障害者の雇用を考え始める企業もあります。糸井社長は障害者雇用促進法の概要を知っていましたが、今後、他の企業で似たような状況におかれた場合には、次のようなことを話題にすると会話が進むかもしれません。

・「従業員50人以上になると障害者を雇用する義務がある事業所になりますが、ご存知ですか。」

・「障害者を法定雇用率以上雇用すると国から補助金が支給されるのをご存じですか。」

　さらに、障害者の雇用に関しては、その社会的な必要性から、ますます重要になり、雇用の確保のためにさまざまな助成金が用意されてくることが予想されます。ホームページ等でよく確認した上で案内をしてみましょう。

・「障害者雇用に関する助成金をご存じですか？」

・「障害者雇用に関する助成金が新設されていますので、参考にして下さい。」

　なお、助成金を受給するには、その申請を行った後に、条件に沿った取組みを行わなければなりません。既に条件に該当していたので後から申請を行うといった、いわゆる「後出し」はできないことに注意して提案を行って下さい。

　障害者の雇用について、無理に障害者を雇用するよりも、障害者雇用納付金を支払っていたほうがよいと考えている事業主も稀にいるようです。このような場合には、決して同調することはせずに、障害者の雇用は法律で決められていることを次のように客観的に伝えるようにしましょう。

・「障害者の雇用は法律で決められていることをご理解下さい。」

　障害者の雇用を検討している事業主に対しては、独立行政法人高齢・障害・求職者雇用支援機構のホームページ等を次のように紹介するとよいでしょう。助成金以外にもさまざまな情報を収集できます。

・「障害者雇用を検討されているのでしたら、独立行政法人高齢・障害・求職者雇用支援機構のホームページをご覧になってはいかがでしょうか。」

5. 従業員教育

Case

　(有)高橋建設の高橋社長は一見強面で近寄りがたい風貌ですが、実は面倒見のよい、いかにも親方といった感じの人物です。実直な性格の田中君のことを内心高く評価し、次第に会社の苦労話もしてくれるようになりました。

鈴木さんからのアドバイス

田中:『高橋社長が言っていた資格とは何のことなのでしょうか。どうしても必要になってくるものなのですか？』
鈴木:『そのとおりです。建設業などでは法律に基づき、一定の技能講習等を修了しなければできない仕事があるのです。こういった資格の取得のために従業員が支払った費用の一部が助成される雇用保険の教育訓練給付金制度もあるので、その活用を提案してみてはいかがですか。』

　建設業では業務に伴う危険を防止するため、一定以上のブルドーザーや移動式クレーンの運転などをする上で技能講習等の受講が必要になることがあります。職務を遂行するために必要な資格は、建設業だけでなく、さまざまな業種において存在します。
　また、取得すると仕事の幅が広がる資格のほか、自己啓発やスキルアップのために身に付けておきたい知識等もあるものです。
　こういった資格や知識を身に付けるために受講した教習や講習が、厚生労働大臣の指定を受けたものであれば、雇用保険の教育訓練給付金制度を利用することが可能です。
　教育訓練給付金制度とは、資格の取得や職業能力の向上を図るための講座（通信教育を含む）を修了した場合に、本人（雇用保険の被保険者）が支払った費用の一部が補填される制度ですが、労働者の自己啓発やスキルアップを促し事業の発展に役立てる意味でも、事業主への提案は有意義なものとなるはずです。

（1）教育訓練給付金制度の概要
　教育訓練給付金制度とは、働く人の主体的な能力開発の取組みを支援し、雇用の安定と再就職の促進を図ることを目的とした制度です。
　雇用保険の一般被保険者として在職中の者（一定の場合は離職していても可）が、厚生労働大臣の指定する教育訓練を受講し修了した場合に、費用の一部が補助されます。

> <支給額>
> 入学料及び受講料(最大1年分)の20%
> ※ 費用の20%の額が4,000円を超えなければ教育訓練給付金は支給されません。また、上限は10万円です(4,000円<教育訓練給付金≦10万円)。なお、平成26年10月からは給付率を40%に引き上げるなどの改正が予定されています。

　在職中の者が教育訓練給付金を受給するには、対象となる教育訓練の受講を開始した日に、原則として雇用保険の一般被保険者として雇用された期間が通算して3年以上ある必要があります。ただし当面の間、初めて教育訓練給付金制度を利用する者に限って、この期間が1年に短縮されています〔図表2〕。

　費用とは、入学料及び受講料(最大1年分)の合計のことで、受講のための交通費、パソコン等の器材にかかる費用、検定試験の受検料などは含まれません。もちろん途中で投げ出して未修了の場合には、支給対象にはなりません。

(2) 厚生労働大臣の指定する教育訓練

　教育訓練給付金制度に指定されている教習や講座には、各種資格取得のためのものやIT関係、医療福祉関係のものなどさまざまなものがあり、職業能力の向上に役立つものばかりです。ハローワークでは、受講を希望する教習や講座が厚生労働大臣の指定を受けているかどうかや、自身が雇用保険の被保険者期間の要件を満たしているかどうかについて「支給要件照会」を行うことができますので、

〔図表2〕教育訓練給付金支給までの基本的な流れ

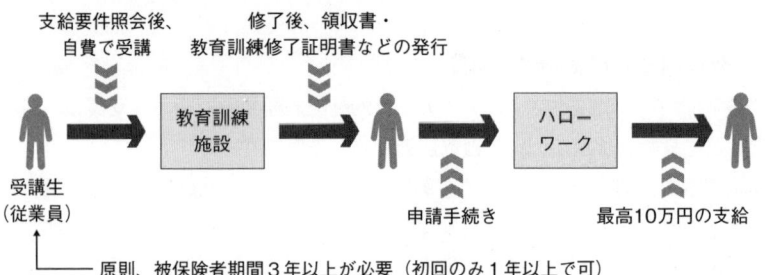

受講を希望する際にはあらかじめ「支給要件照会」を行っておくとよいでしょう。また、どのような講座が指定されているかは、「厚生労働大臣指定教育訓練講座一覧」にまとめられていて、インターネット等で確認することもできます。

（3）その他の注意点

　教育訓練の受講を開始した日は、実際に学習を始めた日と一致するとは限らないので注意して下さい。通学制の場合は所定の開講日（必ずしも出席1日目とは限りません）、通信制の場合は教材等の発送日になるなどの例外があります。

　過去に教育訓練給付金を受給したことがある場合、雇用保険の被保険者期間が新たに通算3年間なければ教育訓練給付金制度は利用できません。同時に複数の教育訓練給付金の申請を行うことはできません。ただし、失業給付（基本手当）の受給の有無とは関係ありませんので、失業給付（基本手当）を受給していた中途採用者であっても、支給要件期間を満たしていれば申請は可能です。

　教育訓練給付金の支給申請は原則として受講した本人が行わなければなりません。また、不正に受給した場合には全額の返還と、それに加えて返還額の2倍の金額の納付が命じられ、詐欺罪として刑罰が科されることがあります。

（4）人材育成を図りたい事業主への助成金

　教育訓練給付金制度は労働者の自主的な努力に対しての給付ですが、雇用保険適用事業所の事業主が正社員やパートなどの非正規従業員に対して教育訓練を行った際には、その費用の一部が支給される助成金もありますので、その活用を提案することもできます。なお、変更もあるので、提案の前には厚生労働省のホームページで詳細を確認して下さい。

活用のヒント

　従業員教育について、雇用保険の教育訓練給付金制度のご案内をしましょう。併せて、同制度の対象となっている教習や講座を修了すると受講した本人に補助金が出ることも伝えておきましょう。

・「雇用保険には従業員教育で活用できる教育訓練給付金制度という制度があり

ます。」
- 「さまざまな講座が教育訓練給付金制度の対象となっていますから、きっと従業員の自己啓発に役立つ講座が見つかると思います。」
- 「教育訓練給付金制度の対象となっている講座を修了すると、受講した本人に補助金が出ることがあります。」

　当面の間、教育訓練給付金制度は初めて利用する場合に限り、原則として雇用保険の一般被保険者として雇用された期間が通算1年間あれば利用できることになっています。つまり、新入職員として入社して、最短1年後には、教育訓練給付金の受給要件を満たすことができるのです。その後は、前回の受講開始日から起算して通算3年の雇用保険の被保険者期間を満たさなければなりませんが、見方を変えれば、3年経てば再び利用できるともいえます。

　ただし、この制度を利用できるのは被保険者自身ですから、その活用は本人のやる気次第です。ただ、少なくとも当制度について周知しておくことで、従業員の「やる気」を促進し、事業の発展にもつながっていくといえるのではないでしょうか。

　仕事に対する知識についての吸収意欲が旺盛な新入職員を対象に当制度を周知し、その後は必要に応じて活用してもらうという流れを作ることができれば理想的でしょう。当制度の活用を次のように提案してみましょう。
- 「雇用保険は失業に備えるためだけでなく、従業員の自己啓発にも利用することができますよ。」
- 「雇用保険の教育訓練給付金制度を活用して、新入職員の自己啓発に役立ててみてはいかがでしょうか。」

　また、より積極的に人材育成を図っている事業主に対しては、助成金の活用を提案してみましょう。
- 「人材育成を図る事業主様に対する助成金があります。活用の可能性を検討してみてはどうですか。」

　なお、助成金は給付内容や支給額の変更があるため、提案に際しては詳細を厚生労働省のホームページで確認するようにして下さい。

第3章

病気やケガ・障害・死亡

1. 病気やケガに関する給付等

Case

　(株)荒木製作所は、最近、アジアを中心とした諸外国にそのシェアを奪われつつあり、業績が伸び悩んでいます。荒木社長は、人件費の節約を検討しましたが、長期療養中の従業員のことも気になりなかなか決断ができずにいました。

売上げが伸びなくても
人件費は確実に
かかるんだよね

長い間休んでいる人も
いるし…

その方は病気か何かで
お休みなのですか？

いろいろあってね…
暫くかかりそうなんだよ

鈴木さんからのアドバイス

田中：『長い間休んでいる方にも給料を支払わなければならないのですか？従業員の側からすればそのほうがありがたいですが、経営者の側からみれば結構な負担ですよね。』

鈴木：『従業員の長期休養のことですね。その原因となったケガや病気が業務上のものか、私生活でのものかによって取り扱いが異なりますが、労働者災害補償保険法（労災）、健康保険法（健保）から給与の補填としての給付があります。労使双方にとって有益なものですよ。まずは労災の給付を健保の給付と比較しながら全体的に理解した上で、受給しそこねている給付がないか、荒木社長に確認してみたらどうでしょうか。もしかしたら役立つものがあるかもしれません。』

（1）労災の給付と健保の給付

　私たちの日常生活には仕事と家庭の2つの側面があります。日常生活を送っていくなかで、業務上や通勤途上で思わぬ災害に遭ってしまうこともあるでしょうし、私傷病（私生活での病気やケガ）により長期の欠勤を強いられることがあるかもしれません。

　事業主としては労働者災害補償保険法（以下、「労災」）と健康保険法（以下、「健保」）からの給付を活用することにより、労働者に災害が起きた際の支援を行うことが可能です。その際、仕事に関係する災害等に関しては労災、仕事以外の私傷病に対しては健保から給付されます。

　まず、労働者が病院にかかるときの給付についてみていきましょう。

　労働者がケガや病気の際に、その原因が仕事に関係するもの（労災）なのか、私生活に関係するもの（健保）なのかによって、たとえ同じ病院にかかったとしても取り扱いが異なってきます。

①労災の給付

　業務が原因で病気にかかったり、通勤の途中で交通事故に遭ったりしたなど、ケガや病気の原因が仕事に関係するときには労災が適用され、療養にかかる費用

が補償されます。この場合、基本的に労働者の自己負担額は発生しません。

　業務上での災害を業務災害、通勤上での災害を通勤災害と呼び、業務災害で治療を受ける際には療養補償給付が、通勤災害で治療を受ける際には療養給付が支給されます。通勤災害では事業主からの補償（損失を補って、つぐなう）という観点がないため、補償の二文字が削除されていますが、基本的に双方とも同様の給付内容です。以下、本書では特に断りのない限り、各項目において「○○（補償）給付」と表記します。通勤災害による給付の場合は（補償）の字を削除してお読み下さい。なお、具体的にどのような災害が業務災害、通勤災害になるのかについては後で詳しく解説します。

　療養（補償）給付には、「療養の給付」と「療養の費用の支給」の２つがあります。

　業務が原因で労働者がケガや病気にかかったり、通勤の途中で交通事故に遭ったりした際、労災の指定を受けた病院や医療機関、薬局等（以下、「指定医療機関等」）であれば、無料で診察や薬の提供を受けることができます。これを「療養の給付」と呼びます。

　また、近くに指定医療機関等がない場合には、原則として全て実費で治療や薬の提供を受けることになります。労働災害には健保を使用できないためです。ただしこの場合でも、後で療養にかかった費用を精算することが可能です。これを「療養の費用の支給」と呼び、「療養（補償）給付たる療養の費用請求書」に必要書類を添えて、所轄の労働基準監督署長宛てに請求をすることで精算を行います。「療養の費用の支給」を受けるためには、その地域に指定医療機関等がなかったなどの正当な理由が必要になりますので、注意して下さい。

　療養（補償）給付には、通常必要と考えられる治療費、入院料、移送費などが含まれ、傷病が治癒するまで支給を受けることができます。なお、この場合の治癒とは、完全に元の状態に戻ることを指すわけではなく、例えば大きな傷が残ってしまったがそれ以上はよくならない場合など、さらなる治療の効果が期待できなくなった状態を指します。

　引っ越し等のため指定医療機関等を変更したい場合には、変更後の指定医療機関等を経由して届出をすることも可能です。

　指定医療機関のうち、労災指定病院についてはインターネットで簡単に検索す

ることができます。

②健保の給付

　ケガや病気の原因が私生活に関係する場合は、健保が適用されます。私たちが病院で健康保険証を提出して利用しているなじみの制度です。これを「療養の給付」といい、呼称は労災と同じですが、給付内容には違いがあります。「療養の給付」を受けるには、原則かかった医療費の3割を自己負担します。

　「療養の給付」の範囲は、診察や薬の支給、処置・手術その他の治療などで、健康診断や予防接種、美容整形などは対象になりません。なお、健保を利用するにはその旨の指定を受けた保険医療機関で受診する必要があり、薬局に関してもその旨の指定を受けた保険薬局で調剤してもらう必要があります。特に気にしないで済むことのように思えますが、急病のため、保険医療機関以外で受診することがないとも限りません。このような場合、医療費の全額を負担しなければなりませんが、やむを得ないことと認められれば「療養費」として払い戻しを受けることも可能です。

　健保にはこのほかに療養にかかる費用の負担を軽減する制度として、医療費が高額になったときに支給される高額療養費、入院した際の食事代を補助する入院時食事療養費などさまざまな給付がありますが、大きな特徴として、被扶養者、つまり家族に対する給付があります。健保では被保険者が休職した場合、本人の給与の補填として支給される給付がありますが、そういった給与の補填に関係する給付以外の全てが被扶養者（家族）に対しても支給されます。健保の保険料は、加入者同士の相互扶助の観点から被扶養者（家族）が増えたことを理由として増加することはありません。会社員や公務員以外の人が加入する国民健康保険では、被保険者となる人の全員が保険料を納めることになりますので、保険料の負担軽減の点からも健保は優遇されているともいえます。

　一例として、被保険者の「療養の給付」、「療養費」に相当する給付として「家族療養費」があります。医療費の3割負担（義務教育就学前と70歳以上の方には例外あり）や払い戻しに関係なく「家族療養費」と呼び、被保険者と同一の給付を受けることができます。

　健保へは全国健康保険協会（協会けんぽ）または健康保険組合のいずれかを通して加入することになりますが、健康保険組合に加入した場合、前述したような

法律で定められた給付（法定給付）以外に独自の付加給付を受給できることがあります。付加給付の内容は健康保険組合ごとに違いがありますので、ホームページ等で確認をしてみて下さい。

（2）通勤災害と業務災害

　私たちが通勤の途中や業務の最中に災害に遭った場合、労災から補償を受けることが可能ですが、労災では通勤上の災害を通勤災害、業務上の災害を業務災害として区分しています。

①通勤災害

　労災では通勤について、「労働者が就業に関し、住居と就業の場所との間を合理的な経路及び方法により往復すること」とし、「業務の性質を有するものを除くもの」と定めています。また、「往復経路を逸脱または中断した場合には、その逸脱または中断の間及びその後の往復は通勤とはしないこと」とされています。

　大まかにいえば、通勤とは「自宅と職場との間を無駄なく往復することで、途中で寄り道や休憩をした場合には、その後の帰り道を含めて通勤とはしない」ということになります。

　通勤災害で最も問題となりやすいのが、この「寄り道や休憩」（逸脱または中断）の内容についてです。日常のささいな行為でも全て「寄り道や休憩」と判断されてしまうと、その後の移動も含めて通勤とは見なされませんから、労災で救済される可能性がかなり低くなってしまいます。

　では、どのような行為が「寄り道や休憩」に当たるのでしょうか。「寄り道や休憩」になる行為は次のような行為です。

・居酒屋等で飲酒すること
・映画やスポーツクラブにいくこと
・業後に会社施設内でサークル活動等を長時間（2時間が目安）行うこと

　これらの行為は、「寄り道や休憩」をしたと判断され、この間、通勤災害が適用されないのはもちろんのこと、その後、通勤経路に復帰して災害に遭ったとしても一般的には通勤災害とは認められません。なお、遅刻や早退をしただけでは、通勤災害の適用が除外されることはありません。

なお、次のような行為は「寄り道や休憩」とはならない、「ささいな行為」とされています。

・通勤経路上の店で、たばこや雑誌等を購入すること
・通勤経路近くの公園でごく短時間休憩すること
・通勤経路上の店でごく短時間、お茶などを飲むこと

　これらの行為は「ささいな行為」であり、「寄り道や休憩」とはみなされないので、この間も含めて通勤災害が適用されます。
　また、「寄り道や休憩」をしても、その内容が「日常生活上やむを得ず必要な行為」であった場合には、その後、通勤経路に戻ってからの道のりには通勤災害が適用されることもあります。
　次のような行為は、「日常生活上やむを得ず必要な行為」とされています。

・スーパーマーケット等で日用品を購入すること
・理髪店や美容室に立ち寄ること
・病院や診療所で治療を受けること
・選挙の投票をすること

　これらの行為は「寄り道や休憩」であり、その間、通勤災害は適用されませんが、「日常生活上やむを得ず必要な行為」であるため、その後、通勤経路に戻ってからの道のりには通勤災害が適用されることになっています。
　以上、いくつかの例を紹介してきましたが、通勤災害に該当するかどうかの認定は労働基準監督署によって行われるため、実際にどこからどこまでを通勤と呼ぶのかを一律に判断することはできません。事故防止という観点からは、できる限り通勤中の寄り道や休憩は避けたほうがよいのは当然のことでしょう。なお、マイカー通勤などによる事故の場合、労災よりも自動車損害賠償保障法（自賠責）が優先されるのが一般的です。

②業務災害
　私たちが業務上のケガや病気による災害に遭った場合には、業務災害として労災から補償を受けることが可能です。
　業務上のケガについては、次のように分けて考えることができます。

(a) 職場で業務中のケガ

　作業中のケガのほかにも、トイレに行く途中のケガなどを含め、特別なことがない限り業務上の災害として認められます。ただし、仕事をさぼっているときのケガ（業務を逸脱する恣意的行為）、仕事中に私用を済ませているときのケガ（私的行為）などは、当然のことながら業務上の災害とはなりません。また、地震や台風などの天災事変で被災した場合にも、基本的に業務上の災害とはなりませんが、職場の立地、作業条件や作業環境などにより天災事変による被害に遭いやすい環境にあった場合には、業務上の災害と認められることもあります。

(b) 職場での休憩時間中などのケガ

　休憩時間中や就業の前後は業務を行っていませんので、この時間に私的な行為によって発生した災害は業務上の災害とはみなされません。この場合でも、職場施設の不備などによってケガをした場合には業務上の災害と認められます。

(c) 営業や出張など職場外での業務中のケガ

　営業や出張などの外勤中は、本来の業務と関係ない私用などで負ったケガについては、業務上の災害として認められません。

　また反対に、どこからどこまでを業務上とするのかを安易に判断することもできないので注意が必要です。

　田中君がカナリ精密の金成社長に仕事を手伝ってくれと頼まれたことがありました。仮に田中君が取引先の仕事を手伝ってケガを負ったとしても、業務上の災害であるかどうかについては、状況を詳細に調査した上で、労働基準監督署によって認定されるため、業務上の災害とみなされるとは限りません。

　業務上の病気については、事故が原因でかかった病気（災害性疾病）と職業病（職業性疾病）とに分けて考えることができます。

(a) 事故が原因でかかった病気（災害性疾病）

　アクシデント（突発性の事故）や事故による有害作用で発症した病気のことです。代表的なものとして、有毒ガスなどの影響で病気にかかった場合などがあります。

(b) 職業病（職業性疾病）

　代表的なものとしてじん肺や潜水病などがありますが、その例が、労働基準法施行規則別表第1の2に「職業病リスト」として列挙されています。

業務災害も通勤災害と同様に状況を詳細に調査した上で労働基準監督署によって認定されるので、実際にどこからどこまでを業務とするのかを一律に判断することはできません。労使ともに労災制度をあてにすることなく、災害防止に努める姿勢が重要であるといえるでしょう。

(3) 休業の給付

ケガや病気で従業員が休業せざるを得ないとき、労災や健保から一定の給付を受けることができます。事業主としては社会保険に加入したことにより、労働者が私生活での傷病で休業せざるを得なくなった場合に、本人やその家族の生活をある程度まで保障できる効果が期待できるのです。

①労災からの給付（その原因が業務上または通勤上の場合）

[休業（補償）給付]

労働者が業務災害または通勤災害による療養のため労働することができず、休業した日が通算3日（待期期間）を超えた場合に、4日目以降、療養のために労働できないと判断される間支給されます。ただし、療養を開始して1年6カ月経過してもケガや病気が治らない場合には、労働基準監督署長の職権により傷病（補償）年金に切り替えられることがあります。

> ＜支給額＞
> 休業1日当たり給付基礎日額[※1]の60％の額
> ＜給付基礎日額（平均賃金）＞
>
> $$= \frac{\text{事故等が発生した日の直前3カ月間の賃金総額}^{※3}}{\text{直前3カ月間}^{※2}\text{の総日数}}$$
>
> ※1 給付基礎日額とは、原則として労働基準法に定める平均賃金のことです。
> ※2 直前3カ月間とは直前の給与締切日から遡って計算した期間を基本とします。
> ※3 賃金総額には、通勤手当や残業手当などの各種諸手当を含めますが、結婚祝金などの臨時に支払われた賃金や、年3回までの賞与など3カ月を超える期間ごとに支払われる賃金などは除いて計算します。

休業（補償）給付の支給期間中、給与の一部について支払いがあった場合でも、

支払われた賃金が給付基礎日額に満たない場合には、一定の調整がされた上で差額が支給されます。

また、給付基礎日額には、実際の賃金水準に応じたスライド率の適用や、年齢に応じた最低・最高限度額の適用（療養開始後1年6カ月経過した場合）があります。

[休業特別支給金]

休業（補償）給付には休業（補償）給付の上乗せ給付として特別支給金の制度があります。

> ＜支給額＞
> 休業1日当たり給付基礎日額の20％の額

このため、労働者が業務災害または通勤災害による療養のため労働することができない期間、トータルとして「休業1日当たり給付基礎日額の80％の額」の支給を受けることが可能です。

待期期間は通算して3日になればよく、連続して仕事を休まなければならないわけではありません。また、業務災害の場合、仕事によって発生した災害を補償する観点から、事業主は3日間の待期期間中、平均賃金の60％以上の補償をしなければなりません。

通勤災害により休業給付を受給する場合、一部負担金として初回の休業給付から原則200円分が減額されます。

②健保からの給付（その原因が私生活での傷病の場合）

[傷病手当金]

被保険者が、ケガや病気のため働くことができず、休業した日（待期期間）が連続3日間あった場合に、4日目以降、条件に当てはまる限り暦年で1年6カ月間支給されます。

> ＜支給額＞
> 　1日につき標準報酬日額※の3分の2の額
> 　※　標準報酬日額とは、標準報酬月額を30で割ったものです。

傷病手当金の支給期間中、給与の一部について支払いがあった場合でも、支払

われた給与が傷病手当金の額に満たない場合には、その差額が支給されます。
　なお、各健康保険組合では、独自の付加給付を行っている場合があります。
　待期期間は連続して3日なければなりませんが、休・祭日などを挟んでいても構いません。また、この期間、給与の支払いの有無は問われませんので、本来の労働日であれば有給休暇で処理するなどの事業主のフォローが必要になってくるかもしれません。
　傷病手当金は、同一の傷病ごとに支給開始から1年6カ月間で受給期間が終了します。この間に出勤をした日があったとしても支給期間が延長されることはありません。
　健保の傷病手当金は待期期間が連続して必要とされていることや受給期間に制限があることから、労災の休業（補償）給付に比べて条件が厳しく感じられるかもしれません。しかし、私生活の傷病に比べて仕事に関係する災害のほうがより手厚いものとなっていると考えるべきでしょう。

③国民健康保険と比較して
　会社員や公務員以外の人が加入する国民健康保険には健保の傷病手当金に相当する給付はありません。計算の基準となる給与が存在しないことが一因です。

④療養を開始してから1年6カ月後に行われる給付
　労災と健保では、療養を開始してから1年6カ月後に行われる給付にもそれぞれ違いがあります。
（a）労災からの給付
[傷病（補償）年金]
　業務災害または通勤災害によるケガや病気が療養を開始して1年6カ月を経過した日以降も治らず、労働者災害補償保険法に定める傷病等級1～3級に該当する傷病であると判断された場合、休業（補償）給付に代わり支給されます。障害の程度が軽くなり傷病（補償）年金が受給できなくなった場合には、要件に該当すれば再び休業（補償）給付が支給されます。なお、傷病（補償）年金の支給は、労働基準監督署長の職権によって行われますので、事業主から請求をする必要はありませんが、療養開始後1年6カ月を経過しても傷病が治っていないときには、その後1カ月以内に「傷病の状態等に関する届」等の提出を求められます。

> <支給額>
> 　傷病等級に応じた額が年金として支給されます〔図表3〕。
> ※　傷病（補償）年金には上乗せ給付として、一時金払いの傷病特別支給金と、ボーナスを算定の基礎とした傷病特別年金の制度があります。

(b) 健保からの給付

　健保からの傷病手当金は暦年1年6カ月間で支給が終了し、この間に出勤した日があっても、その分延長されることはありません。ただし、傷病にかかわる初診日から1年6カ月後に一定の障害状態にあれば、障害年金が支給されます。

　社会保険に加入することにより、制限があるものの、労働者の私生活に対しても一定の保障が可能になります〔図表4〕。

〔図表3〕労災からの給付（傷病関係）

傷病等級	傷病（補償）年金	傷病特別支給金（一時金）	傷病特別年金
第1級	給付基礎日額の313日分	114万円	算定基礎日額の313日分
第2級	〃　　　　　277日分	107万円	〃　　　　　277日分
第3級	〃　　　　　245日分	100万円	〃　　　　　245日分

出所：厚生労働省、労災（傷病）のパンフレット

〔図表4〕休業に関する給付等の基本的な流れ

	1年6カ月まで	1年6カ月以降
私傷病による休業	傷病手当金（健保）	障害年金(注1)（厚生年金保険・国民年金）
仕事に関係する災害による休業	休業（補償）給付（労災）	休業（補償）給付（労災）
		傷病（補償）年金(注2)（労災）
	障害（補償）年金(注3)（労災）	

（注1）一定の障害の場合
（注2）治癒せず一定の傷病の場合
（注3）治癒して一定の障害の場合

活用のヒント

　荒木製作所の場合、従業員が休業している理由が仕事に関係するものなのかどうかは分かりませんが、いずれの場合でも、休業中の給与補償の観点から、労働者災害補償保険と健康保険の有効性について話ができます。従業員側だけでなく、事業主側の利点についても次のように話ができれば、なおよいでしょう。

- **「労災にしろ、健康保険にしろ、従業員の給与補償が可能ですから、いざというときに助かります。」**
- **「労災にも健康保険にも、給与が補償される制度がありますから、事業主の負担軽減にもつながります。」**

　事業主にとって労働者災害補償保険の必要性については、業務上のケガや病気といった観点から、比較的、理解を得られやすいようですが、健康保険の必要性については実感しにくいことがあるようです。健康保険料は無駄にならないのかといった話題が出たときには、国民健康保険にはない傷病手当金について次のように話をするとよいでしょう。

- **「健康保険には国民健康保険にはない傷病手当金の制度があります。従業員が病気などで療養する際に、生活を保障できるだけでなく、事業主の負担軽減にもつながる制度だと思います。」**
- **「傷病手当金とは、従業員が私生活でのケガや病気で長期の療養が必要になった場合に給与の一部を保障できる制度です。」**

　傷病手当金の意義について話題を掘り下げてみましょう。傷病手当金である程度まで給与を保障できるということは、休職中の本人だけでなく、その家族の生活をも保障できることになります。

- **「傷病手当金での保障は、従業員だけでなく、そのご家族の生活を保障することにつながります。」**

　国民健康保険のままで構わないといった話題が出たときには、国民健康保険が健康保険に比べて不利な点について次のように述べてみましょう。

- **「健康保険の傷病手当金は給与の一部を保障できる制度で、国民健康保険にはない制度です。」**

2. 障害に関する給付等

▼ Case

砂川時計店では、時計だけでなくメガネや貴金属の販売も行っています。先日、砂川社長が年金受給年齢になるので、支店で開催している年金相談会に参加していただきました。後日、年金の請求に必要な書類がそろったということで、田中君がお伺いしたときのことです。必要書類のなかに障害年金の証書があるのです。

先日の相談会で65歳になるまでは障害年金を受給したほうがよいと言われましたよ

実は体が悪いんですよ

あまり人にいうことではないので黙っていましたが

そうだったんですか

第3章 病気やケガ・障害・死亡

💬 鈴木さんからのアドバイス

田中：『いつも元気そうでしたので、障害年金を受給しているとは思いませんでした。よい機会ですので、障害年金について教えて下さい。』

鈴木：『障害年金にもさまざまな種類があります。砂川社長の受給している障害年金は、社会保険からの給付だと思われますが、労災からの給付も含めて理解しておくと分かりやすいですよ。』

　社会保険や労働保険には万一障害を負ってしまった場合に備えた保障（補償）制度があります。

（1）社会保険からの給付
①障害厚生年金

　厚生年金保険の被保険者期間中に、障害の原因となった病気やケガの初診日があり、障害認定日に障害等級の1～3級の障害の状態にある場合に支給されます。ただし、保険料の納付要件を満たしていることが必要です。また、障害等級が1級、2級の場合には、国民年金の被保険者と同様に障害基礎年金の1級、2級も受給することが可能です。

　障害厚生年金の保険料の納付要件とは、厚生年金保険に加入中の保険料の納付状況の要件のことです。初診の結果をみてから厚生年金保険に加入するようなことがないように、初診日の前日までの納付状況で判断します。具体的には、保険料の未納期間が、初診日のある月の前々月までに、全体の3分の1未満である必要があります。ただし、平成38年3月までに初診日がある場合には、初診日のある月の前々月までの1年間に保険料の未納期間がなければ保険料の納付要件を満たしたとみなされる特例があります。ただし、初診日に65歳以上になっている場合、この特例には該当しません。

　初診日とは、医師または歯科医師に掛かった日のうち、障害の原因となった傷病について初めて診療を受けた日のことをいいます。

　障害認定日とは、初診日から1年6カ月を経過した日、あるいは1年6カ月以

内に症状が固定するなどして傷病が治ったとみなされた日をいいます。また、障害認定日に障害等級に満たない場合であっても、その後、障害が重くなったことを理由として65歳になる前日（誕生日の前々日）までに請求をすれば、障害年金を受給することができる「事後重症」の制度もあります（ただし、老齢年金を繰上げ支給している場合は請求できません）。

> ＜支給額＞
> （障害厚生年金1級）
> 2級（報酬比例部分の年金額）の1.25倍＋配偶者加給年金額＋国民年金の障害基礎年金1級（基本となる年金額＋子の加算額）
> （障害厚生年金2級）
> 報酬比例部分の年金額＋配偶者加給年金額＋国民年金の障害基礎年金2級（基本となる年金額＋子の加算額）
> （障害厚生年金3級）
> 報酬比例部分の年金額（最低保障金額あり）
> ※1　配偶者には、65歳未満で生計を同じくし、年収は850万円未満であることなどの要件があります。
> ※2　子とは、18歳到達後の年度末、あるいは障害年金の等級1級〜2級の状態にある20歳未満の子のことをいいます。

　報酬比例部分の年金額は、障害認定日の属する月までの標準報酬（月）額と被保険者期間の月数をもとに計算されます。被保険者期間が300月（25年）に満たないときには300月（25年）あるものとして計算されますので、加入月数が少ない場合でも、保険料納付要件を満たしていれば一定額以上の保障を受けられます。また、厚生年金保険では対象となる配偶者がいれば加算が行われるものの、子についての加算はありません。国民年金では対象となる子がいる場合に加算が行われます。これは厚生年金保険が家族の生計を支えることを重要視しているのに対し、国民年金は自営業者への保障を基本にしており、親から子への継承への意味合いが強く残っていることが一因です。

②**障害手当金**
　厚生年金保険には軽度の障害を持つ人に対しての一時金での救済措置もあり、

第3章　病気やケガ・障害・死亡

より手厚い保護を行っています。これを障害手当金といい、初診日から5年以内に障害厚生年金の3級より軽い一定の障害が残った場合に一時金として支給されます。原則として、障害認定日に年金（障害年金だけでなく老齢年金や遺族年金）や労災からの障害（補償）給付の受給権がないことが支給の条件です。

> ＜支給額＞
> 報酬比例部分の年金額×2の額を一時金として支給（最低保障金額あり）

③**障害者特例**

　障害厚生年金の受給権を有している場合に、老齢厚生年金の長期加入者の特例と同じように定額部分・加給年金の前倒し支給ができる特例があります。これを障害者特例といい、昭和16年4月2日から昭和36年4月1日（女性は昭和21年4月2日から昭和41年4月1日）生まれで厚生年金保険の障害等級3級以上に該当する人が、特別支給の老齢厚生年金を受給する際に厚生年金保険の被保険者資格を喪失していた場合、報酬比例部分が支給される年齢から定額部分・加給年金が併せて支給される特例です〔図表5〕。

　この特例を利用するには、請求の際に厚生年金保険の障害等級3級以上に該当していることが証明できればよく、実際に障害厚生年金を受給している必要はありません。また、社会保険の資格を喪失した状態（パートなど）で働いていても

〔図表5〕**障害者特例**

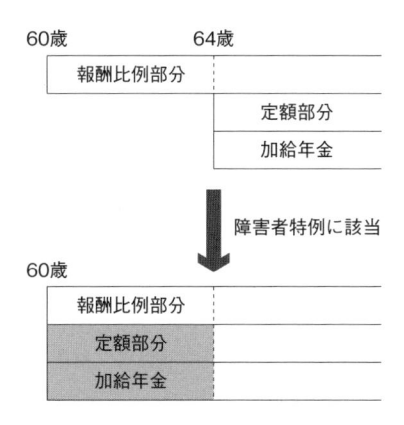

```
         60歳          64歳
          ┌────────────┬──────────┐
          │  報酬比例部分  │          │
          └────────────┼──────────┤
                       │  定額部分  │
                       ├──────────┤
                       │  加給年金  │
                       └──────────┘

                    ▼ 障害者特例に該当

         60歳
          ┌────────────┬──────────┐
          │  報酬比例部分  │          │
          ├────────────┴──────────┤
          │        定額部分         │
          ├───────────────────────┤
          │        加給年金         │
          └───────────────────────┘
```

よく、必ずしも退職している必要はありません。ただし、請求をした翌月からの支給対象となり、遡って特例に該当させることはできません（障害年金の受給者に関しては、原則として障害状態にあると判断されたときまでさかのぼることが可能です）。また、老齢年金の繰上げ請求をすると、この特例は使えなくなってしまいます。

　障害厚生年金の受給権者が特別支給の老齢厚生年金を受給できる年齢になった際には、障害厚生年金を受給するか老齢厚生年金を受給するかを選択することになります。この場合、非課税かつ在職老齢年金の支給停止の対象外となっている障害厚生年金を選択する方法がありますが、障害者特例を検討する価値も十分にあるはずです。

　こうしてみると、老後に向けての備え以外にも厚生年金保険の加入のメリットがあることが分かります。事業主にとって厚生年金保険加入のメリットは労働者に万一のことが起きた際の保険の意味合いもあるのです。

（2）労災からの給付（仕事に関係する災害によって障害を負った場合）

　労災の障害（補償）年金は傷病が治らない場合に支給されますが、その傷病が治りはしたものの、身体に一定の障害が残った場合には障害（補償）給付が支給されます。障害（補償）給付には、労災保険法に定める障害等級の1級から7級の障害に該当する場合に年金として支給される障害（補償）年金と、8級から14級までの障害に該当する場合に支給される障害（補償）一時金があります。

①障害（補償）年金

　障害等級に応じた日数に給付基礎日額を乗じた額が年金として支給されます。

> ＜支給額＞
> 　1級（313日分）〜7級（131日分）×給付基礎日額※
> ※　給付基礎日額とは、原則として労働基準法に定める平均賃金のことです。

　障害（補償）年金は失権しない限り受給することができます。また、障害（補償）年金の受給権者は、要件を満たしていれば同時に障害基礎年金、障害厚生年金を受給することができます。この場合には障害（補償）年金が一定の率（障害基礎年金との併給の場合12%、障害厚生年金との併給の場合17%、双方との併

給の場合27%）で減額されますが、社会保険に加入することによって業務上または通勤上の災害に対する保障を一層手厚くすることができると考えるべきでしょう。

②**障害（補償）一時金**

　障害等級に応じた日数に給付基礎日額を乗じた額が一時金として支給されます。

> ＜支給額＞
> 　8級（503日分）～14級（56日分）×給付基礎日額※
> ※　給付基礎日額とは、原則として労働基準法に定める平均賃金のことです。

　障害（補償）給付には、付加の給付として障害特別支給金、障害特別年金、障害特別一時金の制度があります。

　障害特別支給金は全ての障害等級を対象に一時金が支給される制度です。

　障害特別年金は障害等級1～7級を対象にボーナス（3カ月を超える期間ごとに支給される賃金）を算定の基礎にした年金が支給される制度です。

　障害特別一時金は障害等級8～14級を対象にボーナス（3カ月を超える期間ごとに支給される賃金）を算定の基礎にした一時金が支給される制度です。

　原則、これらの給付が障害（補償）給付と併せて支給されることにより、労災を受給する者への保護をより一層手厚くしています〔図表6〕。

③**障害（補償）年金前払一時金**

　障害（補償）年金の受給権者のなかには、社会復帰のためまとまった資金が必要になる人もいます。このような場合に備えて、労災には障害（補償）年金前払一時金の制度があります。障害（補償）年金の受給権は1回に限り障害（補償）年金の前払いを請求することができます。障害（補償）年金前払一時金の請求は、原則として障害（補償）年金の請求と同時に行います（ただし、年金の支給決定の通知のあった日の翌日から1年以内であれば、その後でも請求できます）。障害等級に応じて前払いされる日数を選択することが可能です〔図表7〕。

　障害（補償）年金は前払一時金の額と前払いを受けたことによる一定の利息相当分だけ支給停止されます〔図表8〕。

49

〔図表6〕障害（補償）給付、障害特別一時金の等級表

障害等級	障害（補償）給付			障害特別支給金（注）		障害特別年金／一時金	
第1級	年金	給付基礎日額の	313日分	一時金	342万円	年金	算定基礎日額の313日分
第2級	〃	〃	277日分	〃	320万円	〃	〃 277日分
第3級	〃	〃	245日分	〃	300万円	〃	〃 245日分
第4級	〃	〃	213日分	〃	264万円	〃	〃 213日分
第5級	〃	〃	184日分	〃	225万円	〃	〃 184日分
第6級	〃	〃	156日分	〃	192万円	〃	〃 156日分
第7級	〃	〃	131日分	〃	159万円	〃	〃 131日分
第8級	一時金	〃	503日分	〃	65万円	一時金	〃 503日分
第9級	〃	〃	391日分	〃	50万円	〃	〃 391日分
第10級	〃	〃	302日分	〃	39万円	〃	〃 302日分
第11級	〃	〃	223日分	〃	29万円	〃	〃 223日分
第12級	〃	〃	156日分	〃	20万円	〃	〃 156日分
第13級	〃	〃	101日分	〃	14万円	〃	〃 101日分
第14級	〃	〃	56日分	〃	8万円	〃	〃 56日分

（注）同一の災害により、既に傷病特別支給金を受けた場合は、その差額となります。
出所：厚生労働省、労災（障害）のパンフレット

〔図表7〕障害（補償）年金前払一時金の等級表

障害等級	前払一時金の額	
第1級	給付基礎日額の	200日分、400日分、600日分、800日分、1,000日分、1,200日分または1,340日分
第2級	〃	200日分、400日分、600日分、800日分、1,000日分または1,190日分
第3級	〃	200日分、400日分、600日分、800日分、1,000日分または1,050日分
第4級	〃	200日分、400日分、600日分、800日分または920日分
第5級	〃	200日分、400日分、600日分または790日分
第6級	〃	200日分、400日分、600日分または670日分
第7級	〃	200日分、400日分または560日分

出所：厚生労働省、労災（障害）のパンフレット

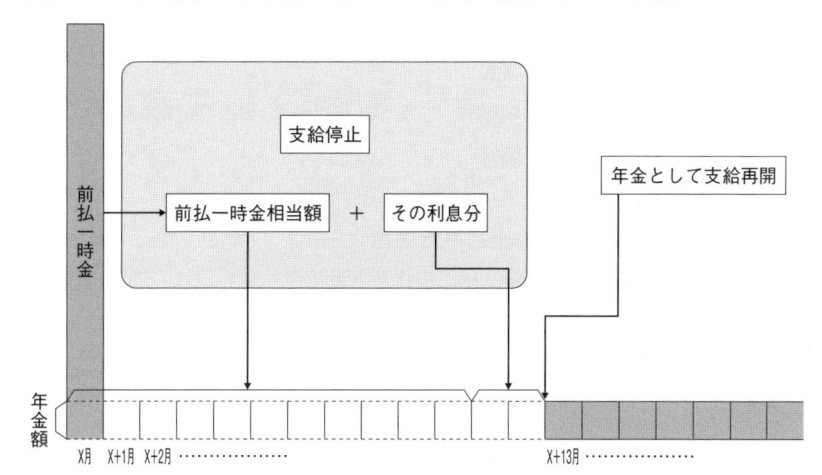

〔図表8〕障害（補償）年金前払一時金による障害（補償）年金の支給停止イメージ

```
前払一時金
   │
   ↓
 ┌──────────────────────────────┐
 │         支給停止              │         ┌──────────────┐
 │  ┌──────────┐   ┌──────┐   │         │年金として支給再開│
 │  │前払一時金相当額│ + │その利息分│   │         └──────────────┘
 │  └──────────┘   └──────┘   │
 └──────────────────────────────┘
年金額
   X月 X+1月 X+2月 ……………        X+13月 ……………
```

④障害（補償）年金差額一時金

労災には障害（補償）年金の受給権者が死亡した場合に備えて、障害（補償）年金差額一時金の制度があります。

障害（補償）年金差額一時金は、障害（補償）年金の受給権者が死亡したとき、既に支給されている障害（補償）年金と障害（補償）年金前払一時金の合計額が、障害等級に応じて定められている一定額〔図表9〕に満たない場合に、一定の遺族が受給することができます。

障害（補償）年金差額一時金を受給できる遺族の範囲は、以下のとおりです（記

〔図表9〕障害（補償）年金差額一時金、障害特別年金差額一時金の等級表

障害等級	障害（補償）年金差額一時金	障害特別年金差額一時金
第1級	給付基礎日額の　1,340日分	算定基礎日額の　1,340日分
第2級	〃　1,190日分	〃　1,190日分
第3級	〃　1,050日分	〃　1,050日分
第4級	〃　920日分	〃　920日分
第5級	〃　790日分	〃　790日分
第6級	〃　670日分	〃　670日分
第7級	〃　560日分	〃　560日分

出所：厚生労働省、労災（障害）のパンフレット

載順に優先して支給されます)。
- (a) 労働者の死亡当時その者と生計を同じくしていた配偶者 (事実婚を含む)、子、父母、孫、祖父母、兄弟姉妹
- (b) (a) の条件に該当している者がいなかった場合の配偶者 (事実婚を含む)、子、父母、孫、祖父母、兄弟姉妹

(3) 身体障害者手帳を差し出された場合

　老齢年金の請求を代行する際に稀に身体障害者手帳も差し出されることがあります。年金手帳の貸し出しを依頼した際に同じ手帳ということで差し出されることが多いのですが、都道府県の身体障害者手帳と公的年金の受給の有無には直接の関係はありません。都道府県の障害等級と公的年金の障害等級には若干の違いがあり、身体障害者手帳を持っているからといって障害年金の受給権があるとは限らないのです。

　また、公的年金は自ら請求することを原則としているため、障害年金が受給できる場合であっても、請求をせずそのままになっていることもあります。

　障害年金の請求は、初診日要件や障害等級の判定などを行った上で障害の種類に応じた専用の請求用紙で行う必要があり、プライバシーの問題も絡んできます。金融機関としては無理して代行手続きをするよりも、直接、専門家や年金事務所に確認してもらうようにアドバイスしたほうがよいでしょう。

　なお、障害年金は、原則として請求に基づく審査が認められた後、障害認定日の翌月分から支給対象になります。また、年金には「1人1年金の原則」があり、他の年金との選択替えが必要になることもあります。さらに前述した障害者特例の可能性も生じます。金融機関としてのサービスにも限界がありますから、顧客自身が行う必要のある作業に理解を得た上で、できる限りの橋渡しをしましょう。

第3章 病気やケガ・障害・死亡

活用のヒント

　いざ、年金を請求するときになると年金の選択受給について話題になることがよくあります。複数の年金の受給権がある場合、基本的に65歳になるまではいずれか1つを選択して受給することになります。設例の場合は、老齢年金と障害年金の選択をすることになりますので、次のように案内します。

・「**65歳になるまでは老齢年金と障害年金は、どちらか一方を選択することになります。**」

　どちらを選択したほうがよいか問われた際には、基本的には受取額が多いほうを選択することになりますが、障害年金は所得税が非課税になり、在職老齢年金の支給停止の対象外でもあることに注意が必要です。

　実際には、老齢年金を選択しても公的年金等控除（70万円）の枠に収まることがほとんどですが、障害年金の利点については次のように伝えるようにして下さい。

・「**老齢年金に比べて、障害年金は所得税が非課税になります。**」
・「**障害年金は在職老齢年金の支給停止の対象外になります。収入があっても障害年金はそのまま支給されます。**」
・「**老齢年金と違い、障害年金は所得税が非課税になります。また、在職老齢年金の支給停止の対象にもなりませんから障害年金を選択したほうが有利になることが多いようです。**」

　障害年金を受給できるかどうかの相談を受けた際には、直接、社会保険労務士などの専門家や年金事務所へ相談するように案内しましょう。仮に障害年金を請求することになった場合でも、病院から診断書を取り寄せるといった作業も必要になってきます。老齢年金の請求のように一度のやり取りで済まないことが多いですから、次のように伝えて、できるだけ本人に直接、手続きをしていただきましょう。

・「**申し訳ございません。障害年金の判断は非常に難しいので、直接、専門家や年金事務所へお問い合わせいただけないでしょうか。**」
・「**障害年金の請求に関しては、お客様のプライバシーの問題もありますので、ご自身で行っていただくのがよいと思います。**」

障害年金が話題となった際に、身体障害者手帳の障害等級が、そのまま障害年金の等級であると勘違いされることがあります。このような場合には、都道府県の障害等級と公的年金の障害等級は、必ずしも一致しないことを伝えて理解を得ましょう。

　また、障害年金の障害等級については判断が難しいですから、気になる点は次のように伝えて社会保険労務士といった専門家や年金事務所に直接、確認してもらうようにしましょう。

・「身体障害者手帳の障害等級と公的年金の障害等級は必ず同じになるとは限りません。気になるようでしたら、直接、専門家や年金事務所へご確認していただくのがよいと思います。」

　金融機関の職員としては、労働者災害補償保険の障害（補償）給付について問題になることはほとんどないと思いますが、労働者災害補償保険の障害（補償）給付と公的年金の障害年金とでは、労災側が減額調整されることは知っておいたほうがよいでしょう。

　障害者雇用調整金の対象となるような障害者の雇用に積極的な事業主には、厚生年金保険の障害者特例の提案が有効です。

　こういった事業主は、雇用した障害者の障害等級について既に把握していることがほとんどですが、老齢厚生年金の特例である障害者特例についての知識までは持ち合わせていない可能性があります。次のように確認するのもよいでしょう。

・「老齢厚生年金の定額部分を前倒しで受給できる障害者特例をご存じですか。」
・「障害等級1～3級に該当する方を対象にした老齢厚生年金の障害者特例をご存じですか。」

第3章 病気やケガ・障害・死亡

3. 死亡に関する給付等

Case

　温井スーパーの温井社長は、正社員のみならずパートタイマーに対しても気配りのできる人情味あふれる社長です。地元に密着した1店舗のみのスーパーのため、営業から経理、人事まで、できるだけ社長がこなすようにしています。先日、その社長から社会保険労務士を紹介してほしいとお願いされました。

実はうちのパートさんの
ご主人が亡くなって
しまって…
まだ小さい子供がいるし
かわいそうでね

お気の毒ですね

遺族年金がもらえると
思うんだが自分で調べに
行く余裕もないようだから
専門家を紹介して
欲しいんだよ

それなら
営業推進部の
鈴木という社会
保険労務士が
おります
遺族年金に
ついても詳しい
はずです

よろしく
頼むよ

鈴木さんからのアドバイス

田中：『ということで、鈴木さん、力を貸して下さい。』
鈴木：『分かりました。でも、ちょっと待って下さい。遺族年金の受給要件は意外に厳しいのです。亡くなった原因（その理由が仕事に関係するものなのか、交通事故が原因なのかなど）によって、かなり状況が変わってきますので、あたかも当然に遺族年金を受給できるような安易な言動をして、あとで問題になることのないよう、くれぐれも慎重に対処して下さいね。』

不幸にも家族に先立たれたとき、遺族の不安と負担は計り知れません。経営者にとっても、労働者に万一のことが起きた際の遺族のことを想うと気にかかることが多いでしょう。社会保険、労働保険には、労働者に万一のことが起きた際の保険としての側面もあります。

労働者の死亡は、「私生活上での死亡」と、「業務上・通勤上の災害による死亡」に分けることができ、それぞれ、社会保険、労働保険からの給付に分けることができます。

（1）私生活上での死亡
①遺族厚生年金

遺族厚生年金は、厚生年金保険の被保険者または被保険者であった者が、次のいずれかの要件に当てはまる場合に、その遺族に支給されます〔図表10〕。

(a) 厚生年金保険の被保険者である間に死亡したとき。
(b) 厚生年金保険の被保険者である間に初診日（初めて診察を受けた日）がある病気やケガが原因で、初診日から5年以内に死亡したとき。
(c) 障害等級1～2級の障害厚生年金の受給権者が死亡したとき。
(d) 老齢厚生年金の受給権者等が死亡したとき。

上記(a)(b)の場合、保険料の未納期間は死亡日のある月の前々月までに、全体の3分の1未満である必要があります。ただし、平成38年3月までに死亡日があり、かつ死亡した人が65歳未満の場合、死亡日のある月の前々月までの

〔図表10〕遺族厚生年金の支給対象者

> 遺族厚生年金を受けられる遺族は、死亡当時、死亡した人によって生計を維持されていた以下の人が対象です。①から④の優先順位のうち最も優先順位の高い人に支給されます。
> ※子のある妻または子のある55歳以上の夫が遺族年金を受けている間は、子の遺族年金は支給されません。

優先順位	遺族※	遺族年金の種類
①	子のある妻・子のある55歳以上の夫	遺族厚生年金 ＋ 遺族基礎年金
①	子	遺族厚生年金 ＋ 遺族基礎年金
①	子のない妻	遺族厚生年金 ＋ 中高齢の寡婦加算額
①	子のない55歳以上の夫	遺族厚生年金
②	55歳以上の父母	遺族厚生年金
③	孫	遺族厚生年金
④	55歳以上の祖父母	遺族厚生年金

※　妻以外の遺族には下記の条件があります。
●夫、父母、祖父母
　・死亡時、55歳以上であること（支給開始は60歳から。ただし、夫は遺族基礎年金を受給中の場合に限り、遺族厚生年金も合わせて受給できる）。
●子、孫
　・死亡時、18歳になった後の最初の3月31日までの間にあり、かつ婚姻をしていないこと。
　・20歳未満で1級または2級の障害の状態にあり、かつ婚姻をしていないこと。

出所：日本年金機構

1年間に保険料の未納期間がなければ納付要件を満たしたことになる特例があります。

> ＜遺族厚生年金の支給額＞
> （死亡した人の）老齢厚生年金の報酬比例部分に相当する額の4分の3相当額

　同時に遺族基礎年金の支給要件を満たす場合には、遺族基礎年金も併給されます。前ページ(a)～(c)の場合、亡くなった人の被保険者期間が300月（25年）に満たないときには300月（25年）あるものとして計算されますので、加入月数が少ない場合でも、一定額以上の保障が受けられます。

②妻が受け取る遺族厚生年金

　遺族厚生年金は、サラリーマンの夫（厚生年金保険の被保険者）に先立たれた妻（国民年金の第3号被保険者）が受け取ることが多い年金です。この場合の遺族厚生年金は妻の年齢（30、40、65歳）に応じて受給額に変更が生じますので、

以下、基本パターンを列挙します。
・夫の死亡当時、妻が30歳未満で子がいない場合には、遺族厚生年金は5年間の有期年金になります。残された妻が30歳未満であれば、再び職業につき収入を得ることも可能であると判断されるためです。

　ただし、妻が30歳になった時点で、遺族厚生年金のほかに遺族基礎年金も受給していた場合（生計を同じくする子がいた場合）には、そのまま65歳になるまで遺族厚生年金を受給することができます〔図表11〕。
・夫が亡くなったとき、40歳以上65歳未満で生計を同じくしている子がいない妻には中高齢寡婦加算が支給されます（ただし、亡夫が老齢厚生年金の受給権者等であった場合、その被保険者期間が原則20年以上必要になります）。

＜中高齢寡婦の支給額＞
遺族厚生年金＋中高齢寡婦加算

　原則として、中高齢寡婦加算とは、中高齢（40歳以上65歳未満）の女性が夫を亡くした際、急に職業につき収入を得るのは困難だとの配慮から遺族厚生年金に加算されるものです。

　ただし、40歳のとき、既に遺族厚生年金のほかに遺族基礎年金も受給していた場合（生計を同じくする子がいた場合）には、遺族基礎年金の支給が終了してから（子が一定の年齢に達してから）、中高齢寡婦加算が加算されます〔図表12〕（なお、65歳以降は昭和31年4月1日生まれまでの人を対象に生年月日に

〔図表11〕30歳を境にした妻の遺族年金

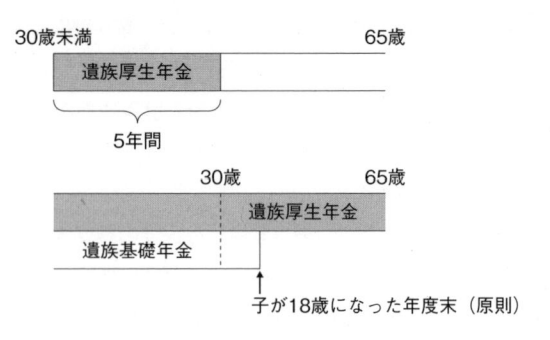

応じた経過的寡婦加算が支給されます)。
・65歳になってからは、遺族厚生年金のほかに自分の老齢基礎年金を受給することができます(残された妻に国民年金以外の加入歴がなかった場合)〔図表13〕。なお、遺族年金の所得税は非課税です。

> ＜支給額＞
> 遺族厚生年金＋自分の老齢基礎年金

③遺族基礎年金

遺族基礎年金は、国民年金の被保険者である死亡した者によって生計を維持されていた子を持つ配偶者または子に支給されます。

〔図表12〕中高齢寡婦加算

・夫死亡時妻が40歳以上

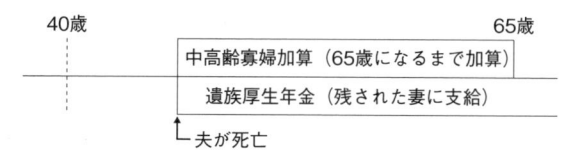

```
       40歳                              65歳
        ┊     中高齢寡婦加算（65歳になるまで加算）
        ┊     遺族厚生年金（残された妻に支給）
        └ 夫が死亡
```

・夫死亡時妻が40歳未満で18歳未満の子あり

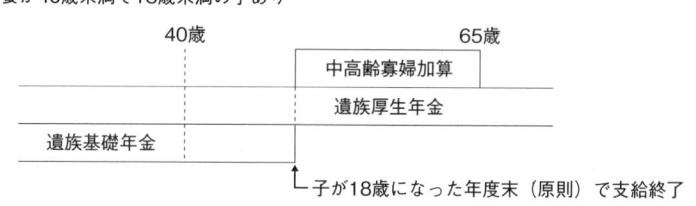

```
              40歳              65歳
                      中高齢寡婦加算
                      遺族厚生年金
       遺族基礎年金
                └ 子が18歳になった年度末（原則）で支給終了
```

〔図表13〕残された妻が受給する65歳からの年金の基本例

```
       65歳
        遺族厚生年金
        老齢基礎年金（自身の加入していた国民年金を受給）
```

> ＜支給額＞
> 子を持つ配偶者に支給されるとき
> 　老齢基礎年金の満額＋子の人数に応じた加算額
> 子に支給されるとき
> 　老齢基礎年金の満額＋子の人数に応じた加算額※
> ※　1人目の子には加算がありません。

　子とは18歳到達後の年度末までまたは障害等級1～2級で20歳未満の未婚の子を指します。遺族厚生年金の支給範囲は広く、遺族への生活保障の意味合いがあります。それに対して遺族基礎年金は子がいることが絶対条件であり、自営業者への保障をもとにした親から子への継承の意味合いが強くなっています。自営業者に対する遺族年金の支給要件は非常に厳しく、夫に先立たれた妻や妻に先立たれた夫であれば誰しもが遺族年金を受給できるわけではないことに注意が必要です。

　厚生年金保険の被保険者（国民年金の第2号被保険者）であれば、同時に国民年金の被保険者資格も有しますので、要件に該当すれば「遺族厚生年金＋遺族基礎年金」を受給することができます。

　社会保険への加入は、被保険者のみならず遺族の将来のためともいえます。

④寡婦年金

　遺族基礎年金の支給範囲は狭く、たとえ遺族基礎年金を受給できたとしても、救済される期間は限られてしまいます。残された妻が自分の老齢基礎年金を受給できるまでのつなぎの救済策として寡婦年金があります〔図表14〕。

　寡婦年金は、その名のとおり女性にだけ支給される年金です。原則として、自営業者（国民年金の第1号被保険者、任意加入被保険者を含む）の夫によって生計を維持されていた妻が、夫を亡くしたときに婚姻関係（事実婚を含む）が10年以上続いていたときに支給対象になります。ただし、亡夫の保険料納付済期間と保険料免除期間が、亡くなった月の前月までに合計25年（300月）以上ある必要があります（平成27年10月以降、10年に短縮される予定あり）。また、亡夫が老齢基礎年金を受給していた場合や、障害基礎年金の受給権を取得したことがある場合には、寡婦年金は支給されません。寡婦年金には、亡夫の保険料の

〔図表14〕寡婦年金の支給開始時期

＜60歳前に遺族基礎年金の支給が終了した場合＞

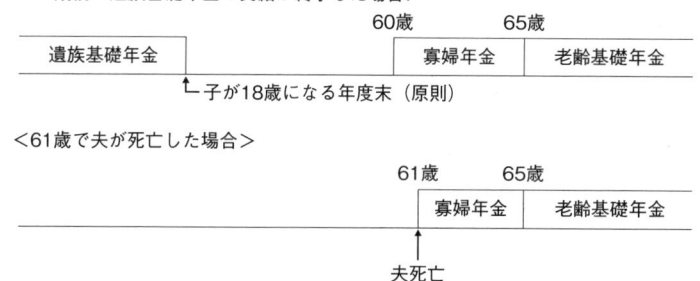

| 遺族基礎年金 | | 寡婦年金 | 老齢基礎年金 |

60歳　65歳
↑子が18歳になる年度末（原則）

＜61歳で夫が死亡した場合＞

61歳　65歳
寡婦年金　老齢基礎年金
↑夫死亡

掛け捨て防止の観点もあるため、既にその権利を行使していた場合には支給対象とはされないのです。

　以上の条件を満たしていた場合、残された妻が60歳～65歳になるまで寡婦年金が支給されます。なお、60歳以降に夫を亡くした場合には、その翌月から65歳になるまでが支給期間です。

> ＜寡婦年金の支給額＞
> 亡夫が受給するはずだった老齢基礎年金の4分の3の額

　亡夫の第1号被保険者としての被保険者期間が計算の対象です。

　残された妻が自分の老齢基礎年金を繰上げ受給してしまうと寡婦年金は受給できません。残された妻としては少しでも生活の補填にしようと、老齢基礎年金を繰上げようとしてしまいがちです。寡婦年金の受給権があるにもかかわらず、老齢基礎年金を繰上げ請求してしまうと後々の収入減につながってしまうため注意が必要です。

　60歳～65歳の間に、残された妻が他の年金（老齢厚生年金など）の受給権を得ている場合、あるいは死亡一時金（⑤参照）の受給権を得ている場合にはどちらかを選択受給することになります。

⑤死亡一時金

　遺族基礎年金の支給範囲は狭く、自営業者の妻（国民年金の第1号被保険者）や妻子のいない自営業の独身者（国民年金の第1号被保険者）等が死亡した場合

に、それまで払い込んだ国民年金保険料が掛け捨てになってしまうことがあります。国民年金保険料の掛け捨て防止策の1つとして死亡一時金の制度があります。

　死亡一時金は、原則として、自営業者（国民年金の第1号被保険者、任意加入被保険者を含む）としての保険料納付済期間（保険料免除期間については納付の歩合に応じた月数）が3年以上あるときに、その遺族が受給することができます。遺族の範囲は配偶者、子、父母、孫、祖父母、兄弟姉妹の順番で被保険者が死亡した際に生計を同じくしていた人が対象です。

```
＜死亡一時金の支給額＞
保険料納付月数の区分に応じて
3年（36月）以上15年（180月）未満　　12万円
　　　　　　　～
35年（420月）以上　　　　　　　　　 32万円
```

　付加保険料の納付済月数が36月以上ある場合には、一律8,500円が加算されます。

　死亡一時金は保険料の掛け捨て防止の意味合いがありますから、死亡した人が老齢基礎年金や障害基礎年金の給付を受けていた場合には支給されません。

　寡婦年金と死亡一時金はどちらかの選択受給になります。一般的に年金として受け取れる寡婦年金を選択したほうが有利になることが多いのですが、65歳になる直前に受給権が発生した場合には、死亡一時金を選択したほうがよいことがあります。

　死亡した人が自営業など（国民年金の第1号被保険者）を経験したのち、サラリーマン（国民年金の第2号被保険者）になり、その間に死亡した場合、遺族厚生年金の受給資格を満たすと同時に、死亡一時金の受給資格も満たすことがあります。

　遺族年金の給付を受ける権利の時効は5年間、死亡一時金の給付を受ける権利の時効は2年間ですので、権利が発生しているならば速やかに請求を済ませましょう。ただ、どのような給付が受けられるかはっきりしないときには、社会保険労務士や年金事務所等に相談をした上で判断を行うようにしましょう。配偶者が死亡したとき、必ずしも遺族年金が受給できるわけではありません。

⑥埋葬料（費）

　健康保険からは埋葬（葬儀）に要した費用の補填の制度があります。健康保険の被保険者が死亡したときには、埋葬を行った家族（被保険者に生計を維持されていれば、被扶養者でなくても可）に埋葬料として5万円が支給されます。

　被保険者に要件に該当する家族がいないときには、埋葬（葬儀）を行った者に、埋葬料（5万円）の範囲内で埋葬に要した費用が埋葬費として支給されます。

　また、被扶養者が死亡したときには、被保険者に家族埋葬料として5万円が支給されます。健康保険の被保険者は別途保険料を納める必要はありませんから、優遇されているといえます。

　それに対して、自営業者等が加入する国民健康保険には埋葬料（費）に相当するものとして葬祭費の制度があり、葬儀を行った喪主に支給されます（金額は市町村ごとに異なります）〔図表15〕。

⑦損害賠償との調整

　交通事故などによる死亡によって遺族年金を受給できる場合、損害賠償金との調整が行われることをご存じの方は少ないのではないでしょうか。

　交通事故などによる第三者の行為によって死亡した場合、遺族年金のほかに損害賠償金を受給できることがあります。この場合、遺族としては、遺族年金のほかに損害賠償金という二重の生活保障を得ることになります。しかし、遺族への保障は死亡の原因を作った第三者がまず行うべきものとし、遺族年金を一定の期間支給停止することにしました。

　遺族年金が支給停止される期間は受給権発生後、損害賠償金との調整額（損害賠償金の全額が対象ではありません）に達するまで、最長24ヵ月です。ただし、損害賠償金が支給されるまでにはかなりの時間を要することが多いため、損害賠償金との調整額が確定しない間は遺族年金がそのまま支給されることがあります。この場合、本来ならば支給停止されていた遺族年金を受給したことになりま

〔図表15〕労働者の死亡に関する主な給付

国民年金・国民健康保険	厚生年金保険・健康保険	労災
遺族基礎年金（国）	遺族厚生年金（厚）	遺族（補償）年金 遺族（補償）一時金
葬祭費（国健）	埋葬料（費）（健保）	葬祭料（葬祭給付）

〔図表16〕遺族年金と損害賠償の調整

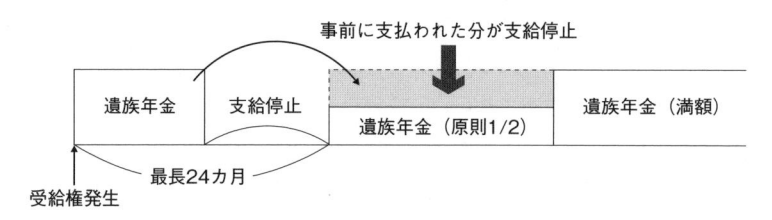

```
                  事前に支払われた分が支給停止
                         ↓
┌─────┬─────┬─────────────┬─────────┐
│遺族年金│支給停止│遺族年金（原則1/2）│遺族年金（満額）│
└─────┴─────┴─────────────┴─────────┘
 ↑   ←最長24カ月→
受給権発生
```

すから、支給停止期間の満了後に支払われる遺族年金の、原則として半額を支給停止することによって調整を図ります〔図表16〕。

なお、受給できないからといって遺族年金の請求を2年以上遅らせた場合でも、同様に支給調整されますので、遺族年金の請求は速やかに行っておくべきです。

夫に先立たれた妻が遺族年金を収入の主体と考えるのは当然のことですが、損害賠償金との調整について知っておかないと、生活設計に思わぬ誤算が生じることがありますから注意して下さい。

(2) 労災からの給付（仕事に関係する災害によって死亡してしまった場合）

業務上あるいは通勤上の災害により不幸にも死亡してしまった場合に、遺族は労災から遺族（補償）給付を受給することができます。

遺族（補償）給付には、労働者の死亡当時に生計を維持されていた配偶者、子、父母、孫、祖父母、及び兄弟姉妹（妻以外には年齢等に制限あり）〔図表17〕と、遺族（補償）年金の受給権者がいないとき（一定の要件あり）〔図表18〕に支給される遺族（補償）一時金があります。

①**遺族（補償）年金**

遺族の数に応じた日数に給付基礎日額を乗じた額が年金として支給されます。

> ＜遺族（補償）年金の支給額＞
> 　遺族の数[※1]に応じた日数分（153～245日分）×給付基礎日額[※2]
> ※1　遺族の数には、一定の制限があります。
> ※2　給付基礎日額とは、原則として労働基準法に定める平均賃金のことです。

遺族（補償）年金は失権しない限り受給することができます。また、遺族（補

〔図表17〕遺族（補償）年金の受給権者

受給権者となる順位は次のとおりです。
① 妻または60歳以上か一定の障害のある夫
② 18歳に達した後の年度末までの間にあるか一定の障害のある子
③ 60歳以上か一定の障害のある父母
④ 18歳に達した後の年度末までの間にあるか一定の障害のある孫
⑤ 60歳以上か一定の障害のある祖父母
⑥ 18歳に達した後の年度末までの間にあるか60歳以上または一定の障害のある兄弟姉妹
⑦ 55歳以上60歳未満の夫
⑧ 55歳以上60歳未満の父母
⑨ 55歳以上60歳未満の祖父母
⑩ 55歳以上60歳未満の兄弟姉妹

※ 一定の障害とは、障害等級第5級以上の身体障害をいいます。
※ 配偶者の場合、婚姻の届出をしていなくても、事実上婚姻関係と同様の事情にあった方も含まれます。また、被災労働者の死亡の当時、胎児であった子は、生まれたときから受給資格者となります。
※ 最先順位者が死亡や再婚などで受給権を失うと、その次の順位の者が受給権者となります（これを「転給」といいます）。
※ ⑦～⑩の55歳以上60歳未満の夫・父母・祖父母・兄弟姉妹は、受給権者となっても、60歳になるまでは年金の支給は停止されます（これを「若年停止」といいます）。

出所：厚生労働省、労災（遺族）のパンフレット

〔図表18〕遺族（補償）一時金の受給権者

遺族（補償）一時金の受給資格者は、①～④にあげる遺族でこのうち最先順位者が受給権者となります（②と③では、子・父母・孫・祖父母の順）。同順位者が2人以上いる場合は、それぞれ受給権者となります。
なお、子・父母・孫・祖父母・兄弟姉妹の身分は、被災労働者の死亡の当時の身分です。
① 配偶者
② 労働者の死亡の当時その収入によって生計を維持していた子・父母・孫・祖父母
③ その他の子・父母・孫・祖父母
④ 兄弟姉妹

出所：厚生労働省、労災（遺族）のパンフレット

償）年金には、先順位者が死亡や再婚などで受給権を失ったときに、その次の順位の者が受給権者となる「転給」の制度があります。

　遺族（補償）年金を受給できる遺族は要件を満たしていれば同時に遺族厚生年金、遺族基礎年金、寡婦年金も受給することができます。この場合には遺族（補償）年金が一定の率（12～20％）で減額されますが、社会保険に加入することによって、仕事に関係する災害に対してもより一層の保障が確保できるようになるのです。

②**遺族（補償）一時金**

原則として労働者の死亡当時、遺族（補償）年金の受給資格者がいない場合に、一時金として支給されます。

> ＜遺族（補償）一時金の支給額＞
> 給付基礎日額※×1,000日分
> ※　給付基礎日額とは、原則として労働基準法に定める平均賃金のことです。

遺族（補償）給付にはこのほかにも、付加の給付として遺族特別支給金、遺族特別年金の制度があります。

遺族特別支給金は一時金として支給される制度です。遺族特別年金はボーナス（3カ月を超える期間ごとに支給される賃金）を算定の基礎にした年金が支給される制度です。

原則、これらの給付が遺族（補償）給付と併せて支給されることにより、労災を受給する者への保護をより一層手厚くしています〔図表19〕。

③**遺族（補償）年金前払一時金**

家族に万一のことがあった場合、遺族が一時的な出費を強いられることもあります。このような場合に備えて、労災には遺族（補償）年金前払一時金の制度があります。遺族（補償）年金の受給権は1回に限り遺族（補償）年金の前払いを請求することができます。遺族（補償）年金前払一時金の請求は、原則として遺族（補償）年金の請求と同時に行います（ただし、年金の支給決定の通知のあった日の翌日から1年以内であれば、その後でも請求できます）。必要に応じて支給額を選択することが可能です。遺族（補償）年金は前払一時金の額と前払いを受けたことによる一定の利息相当分だけ支給停止されます。

〔図表19〕**遺族（補償）年金等（遺族が1人の場合）**

遺族（補償）年金	遺族特別支給金	遺族特別年金
原則、給付基礎日額の153日分	300万円	原則、算定基礎日額の153日分

> <遺族（補償）年金前払一時金の支給額>
> 給付基礎日額※の200日分、400日分、600日分、800日分、1,000日分の中から受給権者が選択できます。
> ※　給付基礎日額とは、原則として労働基準法に定める平均賃金のことです。

④葬祭料（通勤災害の場合は葬祭給付）
　被災した労働者が亡くなった場合に、葬儀を行う者に支給されます。通常は遺族に支給されますが、葬儀を行う遺族がいないため社葬を行った場合には、会社が受給することも可能です。

> <支給額>
> 次の（a）または（b）のいずれか多い額
> （a）31万5,000円＋給付基礎日額※×30日分
> （b）給付基礎日額※×60日分
> ※　給付基礎日額とは、原則として労働基準法に定める平均賃金のことです。

（3）保険商品の活用
　遺族年金の受給条件は意外に厳しいものとなっています。自分の身に万一のことが起こった際に、遺族が必ずしも遺族年金を受給できるとは限らず、また受給できる場合であっても遺族の生活がそれで賄えるとは限りません。
　家族のための保障をあらかじめ考えておくことは非常に重要なことです。民間の終身保険を活用し、万一の死亡に備えた提案を行いましょう。
　終身保険とは、原則として、被保険者が死亡した際に、残された家族が死亡保険金を受け取れる保険です。死亡に関する保障が一生涯続くため、契約後、何歳で亡くなっても残された家族は保険金の受け取りをできることが特徴です。
　金融機関が終身保険を取り扱うにあたっては、管理・推進の観点から一時払い型を推進することが多くなると思いますので、以下、「一時払い型の終身保険」についてご紹介します。

①**預金でいいのか、保険がいいのか**
　一時払い型の終身保険は、被保険者が死亡した際原則として払い込んだ保険料

以上の死亡保険金を受給することができる保険ですが、そのためのまとまった原資が必要な保険であるともいえます。

一時払い型の終身保険をある程度の蓄え（預金）があるお客様に推進すると、「預金としての蓄えがあれば、無理に終身保険に加入する必要はないのではないか」という質問をされることがあります。

預金として預けられた資産は、相続人全員の財産として取り扱われるため、遺産分割協議の対象となり、速やかに相続できないという欠点があるのです。

終身保険で資産を残した場合には、その資産は原則として遺産分割協議の対象とはならないので、受取人が請求手続きを済ませれば、速やかに死亡保険金として現金化できますから、急な出費にも対応できます。

一時払い型の終身保険を推進するにあたっては、この速やかに現金化できることが非常に重要な意味を持ちます。

この利点と遺族年金についての知識を生かし、お客様に喜ばれる提案を行いましょう。

②自営業者（国民年金の第１号被保険者）への提案

自営業を含む家庭での公的な遺族給付は、国民年金の遺族基礎年金になります。遺族基礎年金の受給権者は、原則として18歳到達後の年度末まで（高校卒業まで）の子等、またはその子を持つ親になります。夫に先立たれ妻が残された場合等でも、条件に該当する子がいなければ遺族基礎年金は支給されません。寡婦年金や死亡一時金といった救済措置はありますが、自営業者にとっては家族の年齢が増すほどに死亡に備えた自助努力が必要になるともいえます。

自営業の方に対しては、子どもが18歳になってから後の死亡に備えることが特に重要だという提案を行うとよいでしょう。

③サラリーマン（厚生年金保険の被保険者）への提案

サラリーマン家庭での公的な遺族給付は、厚生年金の遺族厚生年金になります。遺族厚生年金は遺族基礎年金に比べて受給者の幅が広く、状況によっては遺族基礎年金も併給できることから、自営業者に比べて恵まれているともいえます。

この場合の終身保険の提案にあたっては、生命保険の原則論どおり、主に公的年金の補完という位置づけで行うことになりますが、同時に即、現金化できるという利点も生かすことができます。

通常、老齢厚生年金の請求は、葬儀などの優先順位の高い行事が一段落してから行うことがほとんどです。また、遺族厚生年金の請求が無事に済んだとしても、初回の入金までには数カ月の期間を要しますから、遺族厚生年金を即、生活の補填にあてることはできません。預金や年金は家族に万一のことがあった場合でも即、現金として利用できるわけではないのです。
　終身保険を遺族厚生年金が支給されるまでのつなぎ資金としても利用することで、遺族となった直後から慌てないで済むように提案を行いましょう。
　終身保険には、死亡保障の代わりに年金としての受け取りができる特約を付加できることがあります（年金移行特約）。老齢年金の補完として終身保険を利用できるわけですが、終身保険の主目的はあくまで、死亡保障であることを忘れないようにしましょう。老齢年金の補完としては「個人年金保険」の利用が考えられます。

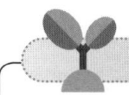

活用のヒント

　遺族年金の受給には厳しい要件があります。安易に受給の期待を持たせることがないように注意して下さい。まずは、受給権の有無を判断するためのお手伝いとして次のような会話からはじめましょう。

・**「遺族年金の受給要件は、細かく決められているので、まず受給できるかを確認させて下さい。」**

　死亡というと老衰か病死を思い浮かべますが、交通事故で亡くなったかどうかで、遺族年金の受給額に影響が出ることがありますので、注意して下さい。

・**「立ち入ったことを聞いて申し訳ありませんが、亡くなられた理由が交通事故なのかだけ確認させていただけないでしょうか。交通事故の場合には、注意しなければいけないことがありますから。」**

　交通事故による損害賠償金と遺族年金の調整についてもう少し掘り下げてみます。めったに取り扱うことはありませんが、損害賠償金との調整を知らずに請求だけを済ませてしまうと、後々トラブルに発展する可能性があります。いずれにせよ遺族年金の請求は済ませなければなりませんが、遺族の生活設計に影響が出ないように最大限の注意を払いましょう。比較的若い年齢で亡くなった場合には、交通事故による死亡の可能性も高いですから、特に注意して下さい。

・**「申し訳ございませんが、遺族年金の請求にかかわってくることですので、ご主人が亡くなられた理由についてお聞かせいただけないでしょうか。」**

・**「遺族年金を請求するにあたって、交通事故で亡くなられた場合には、損害賠償金との調整がありますので、ご注意下さい。」**

　残念ながら遺族年金の受給権がなかった場合でも、国民年金の第1号被保険者としての保険料納付済期間が3年以上あれば、国民年金の死亡一時金を受給できることがあります。明らかに遺族年金の受給権がないと判断できる場合でも、死亡一時金を受給できる可能性があります。死亡一時金の受給権は2年で時効ですから、少しでも気になるようでしたら、次のように、速やかに調査することをお勧めします。特に自営業の方はその可能性が高いです。

・**「お話を伺った限りですと、遺族年金の受給は難しいかもしれませんが、念のため死亡一時金を受給できるかどうかお調べになったほうがよいと思います。」**

　寡婦年金と死亡一時金の双方の受給権があることが分かった場合には、どちら

かを選択受給することになります。一般的には、年金として受け取れる寡婦年金を選択することになりますが、65歳になる直前に受給権が発生した場合には、死亡一時金を選択したほうが金額的に有利なこともあります。合計でいくら受け取ることができるかを基本にして、最終的な判断は必ず本人に行ってもらうよう、次のようにご案内しましょう。

・「お客様の場合、寡婦年金と死亡一時金のいずれかを受給することができます。受取り額等をお考えのうえ、ご選択下さい。」

遺族年金の受給要件は厳しく、仮に遺族年金を受給できたとしても、それで全てを賄えるとも限りません。そこで、万一の死亡に備えた一時払い終身保険が必要となります。まず、一定の預貯金がある層を対象として手持ち資産を有効活用する方法としての提案を行ってみましょう。

いざというときに保険が預金より優れている点について次のように説明できるかどうかがポイントになります。

・「終身保険として積み立てておけば、遺産分割協議の対象にはならないので、速やかに現金化できます。」

・「遺族年金を請求しても、その手続きから受給までには数カ月の時間がかかります。終身保険に加入していれば、保険金をその間のつなぎ資金として活用することもできます。」

次に、厚生年金保険に比べて遺族年金の受給要件が制限されている国民年金加入中の方に対して以下の提案を行ってみます。この場合は、遺族基礎年金を受給できる期間は限られていることをいかに伝えられるかがポイントになります。遺族基礎年金は18歳到達後の年度末までの子等がいる間しか受給できないからです。

・「遺族基礎年金の受給要件の範囲は狭いですから、終身保険に入っておくといざという時に安心です。」

・「遺族基礎年金は、基本的に18歳到達後の年度末までのお子さん等がいらっしゃる父母を対象としています。受給要件の幅が狭いですから、終身保険に加入して、万一に備えてはいかがでしょうか。」

4. メンタルヘルス

Case

　押切整骨院の押切院長は、患者さんとの話題作りのために新聞、テレビ等によく目を通すようにしています。田中君が定期訪問した際に、最近、ニュースで取り上げられていたうつ病について話題になりました。

鈴木さんからのアドバイス

田中：『従業員に心を病んでいる人がいる会社もあるようですね。対応に悩んでいる事業主も多そうです。』

鈴木：『心の病の対応は慎重に行ったほうがよいですよ。良かれと思ってしたことが逆効果なんてこともありますから。厚生労働省のウェブサイト「こころの耳」の活用をお勧めします。さまざまな情報が収集できますし、専門の相談機関も確認できます。また、このウェブサイトには事業主にも役立つ情報がたくさんありますから、仕事にも役立てて下さい。』

　事業主としては風通しのよい職場作りを目指していたとしても、従業員との間に思いのずれが生じてしまうことは少なくないでしょう。

　従業員の数が増えれば増えるほど、メンタルヘルス（心の健康）についての対応を迫られる可能性も増えますが、むしろ大規模な事業所のほうが組織的に取り組むことができる分対応しやすく、反対に、小規模の事業所のほうが人事的な余力がない分、いざというときの対応に苦慮しているのが現実でしょう。しかし、会社の財産である人材が精神的な不調を訴えるということは、会社の体質に改善の余地がある、もっといえば会社自身が病んでいるといってもよい状況ですから、そのままにしておいてよいはずがありません。

　かといって、中小企業の事業主が従業員のメンタルヘルスについて考える際、専門機関との連携などに金銭的な負担を感じてしまうのはやむを得ないことのように思えます。

　本章では、まずメンタルヘルスに対する取組みのきっかけとして、厚生労働省のウェブサイト『こころの耳』についてご紹介します。

　厚生労働省が管轄する『こころの耳』（http://kokoro.mhlw.go.jp）は、働く人のメンタルヘルス・ポータルウェブサイトです。働く人やその家族、事業者や上司などを対象に、メンタルヘルスに関するさまざまな情報を提供しています。ご家族や友人が心の病を抱えている場合だけでなく、これからメンタルヘルスに取り組もうという事業主にもぜひとも知っておいていただきたいウェブサイトで

す。

　本項では、特にこれからメンタルヘルス対策に取り組もうとしている小規模企業の事業主を対象として、厚生労働省のウェブサイト『こころの耳』より、「気配りしてますか―上司・同僚の方へ―」の内容を引用しながら、メンタルヘルス対策についてご紹介します。

(1) ストレスについて
①ストレスとは
　私たちがストレスといっているものの多くは、人間関係や仕事上・家庭の問題といった圧力によって、心や身体・行動面に歪みが生じた状態のことを表します。
　厚生労働省が行っている「労働者健康状況調査」によれば、仕事や職場生活でストレスを感じている労働者の割合は、58％（平成19年）で、今や約6割の人がストレスを感じながら働いているといえます。
　ストレスの内容を男女別にみると、以下のようになっています。
　　男性・・・仕事の質（36.3％）＞人間関係（30.4％）＞仕事の量（30.3％）
　　女性・・・人間関係（50.5％）＞仕事の質（32.5％）＞仕事の量（31.1％）
　職場でストレス対策を進める際には、性別についても考慮しなければならないのです。

②年代別のストレス
　仕事で経験するストレスは年代によっても異なります。ストレスの種類を年代別にまとめてみると〔図表20〕のとおりです。
　ストレスの内容が年代によって異なることを知っておけば、対策が立てやすくなります。

〔図表20〕年代別のストレスの種類

20歳台前半～30歳頃	職場環境への適合、仕事の適性に関するストレス
30歳台	仕事の忙しさや量的な負担に関するストレス
40歳台	仕事の質、上司と部下との板挟みによるストレス
50歳台以降	組織での立場の差、老後に関するストレス

（2）精神障害
①精神障害とは

　精神障害とは、脳に機能的な障害などが起こり、さまざまな精神・身体症状、行動の変化が訪れる状態のことです。職場でみられる精神障害の多くは、うつ病です。うつ病は心の風邪ともいわれ、100人いれば2～3人にその症状がみられるといわれています。うつ病は脳の病気であり、気の持ちようといった精神論で解決できる問題ではないことに注意しましょう。

　うつ病の症状は、気持ちの落ち込みや意欲の低下に留まらず、脳機能全体が落ちることによる集中力・記憶力・判断力の低下や、さまざまな身体症状として現れます。自覚症状がないことがあり、周囲のほうが先に変化に気づくことも少なくありません。

②個人情報の保護

　もし精神障害がみられる従業員がいた場合、個人情報保護の観点から、むやみに周囲に広めることがないようにして下さい。ただし、ある程度の情報を伝える必要がある場合などには、その具体的な配慮事項や、配慮・療養を要する期間などについての情報を、その情報を必要とする人に適切に伝えることで混乱が生じにくくなります。適切な情報の共有は、当事者にとっても安心して療養できる環境作りにつながるのです。

（3）メンタルヘルスケア
①メンタルヘルスケアとは

　メンタルヘルスケアとは、全ての人が健やかに、いきいきと働けるような気配りと援助をすること及びそのような活動が円滑に実施されるような仕組みを作り、実施することをいいます。

②メンタルヘルスケア実施の意義
（a）職場の生産性の低下防止

　メンタルヘルス不調になると、本来その人が持っていた業務遂行能力が十分に発揮できなくなります。療養のために長期の休業を必要とすることも多く、職場の生産性の低下につながります。メンタルヘルスケアを実施することで、労働者自身によるストレスへの気づきのノウハウを身に付けたり、メンタルヘルス不調

を早期に発見し対処することが可能になります。
(b) 生産性や活力の向上
　メンタルヘルス不調に陥った人だけでなく、職場環境の改善や組織開発を行うことは、労働生活の質を高め、生産性や活力の向上につながります。
(c) リスクマネジメント
　メンタルヘルス不調に陥ると、集中力や注意力の低下による事故やトラブルにつながります。会社としての対応が不適切であった場合には、労災請求等に発展することもあり得ますので、リスクマネジメントの観点からもメンタルヘルスケアの実施は大切です。

(4) メンタルヘルスケアの実施
①日頃の様子に注意する
　従業員のメンタルヘルス不調に気づくには、「本人の普段の行動様式からのズレ」に着目することが大切です。例えば、遅刻が多くなった、顔色がよくない、口数が減った、仕事のミスが目立つようになってきたことなどが挙げられます。
　このような行動様式からのズレに気づいたときには、一度時間をとってゆっくり話を聴きましょう。
　その場合、アドバイスするよりも、その人の気持ちを十分に聴くという姿勢が大切です。率直に心配している気持ちを伝えましょう。『こころの耳』のウェブサイトには専門相談機関等についても紹介していますので、参考にして下さい。
②パワーハラスメント（パワハラ）に注意する
　パワーハラスメント（パワハラ）とは、「職場において、職権などの力関係を利用して、相手の人格や尊厳を侵害する言動を繰り返し行い、精神的な苦痛を与えることにより、その人の働く環境を悪化させたり、雇用不安を与えたりすること」とされています。
　パワハラは被害を受けている従業員のメンタルヘルス不調に結びつくだけではありません。職場にパワハラを容認する風土があれば、他の従業員のやる気もそがれることになります。
　パワハラ被害に気づいたら、プライバシーに配慮しつつ、真摯に話を聴くことが大切です。その際、本人にも問題があるような発言をしたり、否定をしたりす

るような発言をすると、2次被害を与えてしまうことがあるので注意が必要です。『こころの耳』のウェブサイトにはハラスメントの相談窓口についても紹介していますので、参考にして下さい。

③過重労働を回避する

　長時間の残業や深夜労働といった過重労働は、健康状態に悪影響を及ぼすだけでなく、業務による心理的な負荷によってうつ状態やうつ病が生じ、メンタルヘルス不調にもつながります。仕事の分担の見直しや仕事の効率化、ノー残業デイ、新人育成などの対策を施し、少しずつでも改善に取り組みましょう。改善に取り組む姿勢を従業員に伝えていくことが何よりも重要です。

④プライバシーに配慮する

　従業員の相談に応じる際には、プライバシーに配慮しましょう。重要な内容だと思われる場合、酒の席に誘う行為は望ましくありません。

　本人から聴いた個人情報は、他の人に伝えてはなりません。業務上、必要がある場合でも、原則として本人の了解を得た上で行いましょう。本人が安全かつ健康的に働くことができる範囲の最低限の情報だけを伝えるようにし、病名などは伝える必要はありません。

　残業制限などの具体的な配慮の内容に焦点を当てるようにしましょう。

⑤職場のサポート体制を検討する

　従業員からの相談内容をもとに職場でできるサポート体制を検討しましょう。具体的な内容としては、就業時間の変更（短時間勤務など）、残業・深夜勤務の免除、軽作業への転換、危険・運転・窓口・苦情処理業務等の免除などが挙げられます。

（5）相談に対する心構え

　従業員からの相談に対しては、時間を作って話を聴くようにしましょう。相談をされると、ついアドバイスをしたり励ましたくなることがありますが、心の不調の場合、悲観的なものの考え方になっていることに対して励ますことが逆効果であったり、疾病により辞職などの考えに至っていることもあるので注意が必要です。

　メンタルヘルスに対応した職場作りは一朝一夕にできませんが、『こころの耳』

を活用して一歩ずつ取り組んでみてはいかがでしょうか。まずは、取り組みの入口に立ってみましょう。

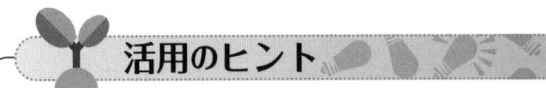

活用のヒント

　従業員のメンタルヘルスは、事業主が従業員の管理を行う上で、ある意味、ケガや病気以上に気を遣う必要があることなのではないでしょうか。
　多くの事業主が、この目に見えにくい問題に頭を抱えているように思われます。
　メンタルヘルスについて話題になった場合には、厚生労働省のウェブサイト『こころの耳』を、以下のように紹介してみましょう。きっと事業主の皆さんが求めている情報が見つかるはずです。事業主用の情報だけでなく従業員やその家族などの視点から幅広い情報を収集できることも伝えてみましょう。

- 「厚生労働省のウェブサイト『こころの耳』をご存知ですか。メンタルヘルスに関するさまざまな情報が載っていますよ。参考になると思います。」
- 「事業主だけでなく、従業員やその家族のための情報も記載されていますよ。」

第4章

出産や育児・介護

1. 出産や育児に関する給付等

Case

　田中君は(株)結城興業への訪問をいつも心待ちにしていました。どうやら営業としての目的以外に、もう1つの理由があったようです。

こんにちは！　あれ？いつもの事務員さんはお休みですか？

ああ　辞めてしまったんだ　寿退社だよ

残念そうだね　私もだよ

～～～

女性は結婚したり子供ができたりすると辞めてしまうことが多いからね

第4章　出産や育児・介護

鈴木さんからのアドバイス

田中：『女性にとっては寿退社が本当の幸せなのでしょうか。最近では子どもが産まれても働いている女性が増えていますよね。』

鈴木：『女性の就業確保に成功している企業の多くは健康保険と雇用保険からの給付を活用して、企業の負担を軽減しつつ、出産前後とその後の育児休暇に対する給付を行っていますよ。社長にはこれらの給付の活用を提案してみてはいかがでしょうか。』

　我が国では、1人の女性が一生のうちに出産する子どもの数が平均2人に届きません。このような背景もあり、政府ではより子育てをしやすい環境を整えるため雇用保険、健康保険、厚生年金保険を組み合わせて出産から育児までの支援を行っています。出産のおよそ1カ月半前から出産後3年間にわたりなんらかの補助があることが分かります〔図表21〕。

　事業主としては、これらの制度を活用することにより、出産をきっかけにした女性の離職や他社への流出を防ぎつつ、長期的な視野で女性の戦力化に取り組むことができるのです。

〔図表21〕出産・育児関係給付の基本的な流れ

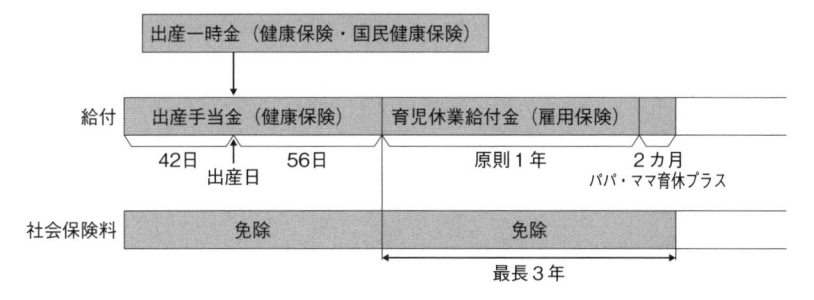

（1）健康保険からの産前産後の休暇に関する給付
①出産手当金
被保険者が出産のため会社を休み、給与の支払いがないときに支給されます。

> ＜出産手当金の支給額＞
> 出産予定日以前42日（多胎妊娠は98日）から、出産後56日目までの期間について、休業1日当たり標準報酬日額[※1]の3分の2
> ※1　標準報酬日額とは、社会保険上の報酬の基準となる標準報酬月額を30で割ったものです。社会保険では、専用の等級表に当てはめて標準報酬月額を計算します。この際、被保険者が労務の対償として受ける報酬は全て含めて計算を行いますが、3カ月を超えるごとに支払われる賞与や見舞金など臨時に支払われるものは除きます。
> ※2　各健康保険組合では、独自の付加給付を行っている場合があります。

　出産手当金の支給対象になっている期間に、会社から給与の支払いがあった場合でも、その額が出産手当金の額に満たなければ差額分が支給されます。また、実際の出産が出産予定日より遅れたとしても、その分は支給されます。

　なお、国民健康保険には出産手当金に相当する給付はありません。国民健康保険では給与を計算の基準としていないことが一因です。

②出産育児一時金
　被保険者が出産した場合に、出産費用として一時金が支給されます。また、家族出産育児一時金として、扶養に入っている妻や娘（被扶養者）が出産した場合にも、同額の一時金が支給されます。

> ＜出産育児一時金の支給額＞
> 　原則として、1児につき42万円（産科医療補償制度未加入の医療機関では39万円）※
> ※　各健康保険組合では、独自の付加給付を行っている場合があります。

　双子ならば84万円が支給され、上限はありません。健康保険でいう出産とは、妊娠4カ月（85日）目以降の生産・早産・死産・流産・人工妊娠中絶をいい、出産時の生死は問いません。

なお、妊娠4カ月目（妊娠4カ月目に入る日）については、1カ月を4週として28日（7日×4）×3カ月＋1日＝85日と考えて下さい。

国民健康保険にも出産育児一時金の制度がありますが、本人が出産した場合にのみに支給され、家族出産育児一時金に相当する給付はありません。国民健康保険は、加入は世帯ごとに行いますが、あくまで1人ひとりが被保険者になるためです。それに対して健康保険には、被保険者全員で互いの家族を支えあおうという相互扶助の発想があり、被扶養者も支給対象になる給付が存在します。家族出産育児一時金もその1つです。

（2）雇用保険からの育児休業期間中に関する給付（育児休業給付金）

雇用保険の一般被保険者が、1歳（保育所に入れないなどの理由がある場合には1歳6カ月）未満の子を養育するために育児休業を取得した場合に、休業開始前の2年間に賃金支払基礎日数が11日以上ある月が12カ月以上あれば、育児休業給付金の支給対象となります。男性が取得することも可能で、男性の育児参加へのきっかけ作りとしても有効な給付です。

> ＜育児休業給付金の支給額＞
> 支給単位期間[※1]当たり、原則として休業開始時賃金日額[※2]×支給日数[※3]×50％（本来は40％、当面の措置として10％上乗せ。なお、育児休業開始から180日目までは67％）
> ※1　支給単位期間とは、育児休業を開始した日から数えて1カ月ごとに区切った期間のことです（歴月ではありません）。
> ※2　休業開始時賃金日額とは、原則、育児休業開始前6カ月間の賃金を180で割った額のことです。
> ※3　支給日数は30日を原則としますが、30日以内に育児休業が終了する場合にはその日までの歴日数となります。

支給単位期間中、働いたと認められる日数が10日以下であることが必要になります。また、支給単位期間中に賃金が支払われた場合、その額が「休業開始時賃金日額×支給日数の30％」を超えるときは一定の減額調整が行われ、80％以上になると育児休業給付金は支給されません。

（3）育児休業期間中の社会保険料の免除

　育児休業期間中は事業主に給与の支払義務はありませんが、社会保険料は育児休業開始前の標準報酬をもとに労使双方が支払いを続けていかなくてはなりません。しかし、事業主が申請することにより一定の期間（育児休業を開始した月から、子が3歳に達するまでの期間）の労使双方の厚生年金保険料と健康保険料を免除してもらうことが可能です。原則として子が1歳に達すると育児休業給付金は支給されなくなりますが、それ以後も2年間、育児休業を取得していれば社会保険料は免除されます。この場合でも社会保険料は納付したのと同じ扱いになりますから、厚生年金保険料をもとに算出される将来の年金額にも影響はありません。なお、平成26年4月から産前産後休業中の社会保険料も免除になっています。

活用のヒント

　女性社員の離職を防止し、長期的な戦力となってもらうために、ぜひ事業主や従業員に活用していただきたいのが健康保険の出産手当金・出産育児一時金と、雇用保険の育児休業給付金の制度です。これらの制度についてはペアで活用することで、出産後、育児休業を経て出社するまでの給与保障を行うことができる旨を次のように伝えてみましょう。

・「出産から育児まで、健康保険と雇用保険を活用すれば女性社員の離職防止に役立ちますよ。」
・「健康保険の出産手当金、雇用保険の育児休業給付金を活用すれば、育児休業中の給与負担を抑えつつ、女性社員の離職を防止することができますよ。」

　健康保険からの給付については、国民健康保険と比較しつつ、健康保険独自の給付について、以下のようにその魅力を伝えることで社会保険加入の意義が伝わりやすくなります。出産・育児の点から話を進めてみましょう。

　まずは、国民健康保険にはない産前産後の給与保障としての出産手当金についてです。

・「国民健康保険には、健康保険のように産前産後の給与の代わりとして、出産手当金が支給されることはありません。」
・「出産手当金は一種の給与保障ですから、事業主の給与負担軽減にもつながり

ます。」
　出産した際に受け取ることができる出産育児一時金は国民健康保険からも支給されます。ただし、被保険者本人のみに支給され、家族（被扶養者）に支給されることはありません。
　健康保険には家族（被扶養者）が出産した場合に支給される家族出産育児一時金の制度がありますので、この利点についても次のように伝えてみましょう。
・**「健康保険では、家族（被扶養者）が出産したときでも、家族出産育児一時金が受け取れますが、国民健康保険にはこういった制度はありません。」**
　また、健康保険では家族（被扶養者）の保険料が別途、徴収されていないことも併せて伝えておきましょう。
・**「健康保険では、家族（被扶養者）の分の保険料が別途、徴収されることはありません。国民健康保険では、それぞれが被保険者になりますから、出産の際にも非常に恵まれている制度です。」**
　さらに、育児休業中の社会保険料免除についても触れてみましょう。
・**「申請をすれば、育児休業中の社会保険料を免除してもらうことも可能ですよ。」**
　なお、大企業を中心に育児休業等を積極的に推進する方法の1つとして、地域限定社員という制度が採用されています。地域限定社員とは、転居を伴う異動がない社員のことです。転居の可能性がある全域型の社員に比べて給与水準は低くなりますが、育児や介護の点から有利になることがある制度です。こういった制度の知識が、訪問先の実態を知る上での手助けとなることもありますので、ぜひ知っておいて下さい。

2. 男性への育児休業制度の推進

Case

　青山ブライダル(株)は従業員数十人の婚礼関係の会社です。きめ細かなサービスが好評で業績も順調です。青山社長は、女手ひとつで会社を大きくしてきました。若いころには、女性であることで何度も不利な立場に立たされた経験があるようです。そのため、会社経営に関しても男女平等を重視しています。田中君が定期訪問した際、テレビで放映された男性の育児休業制度が話題になりました。

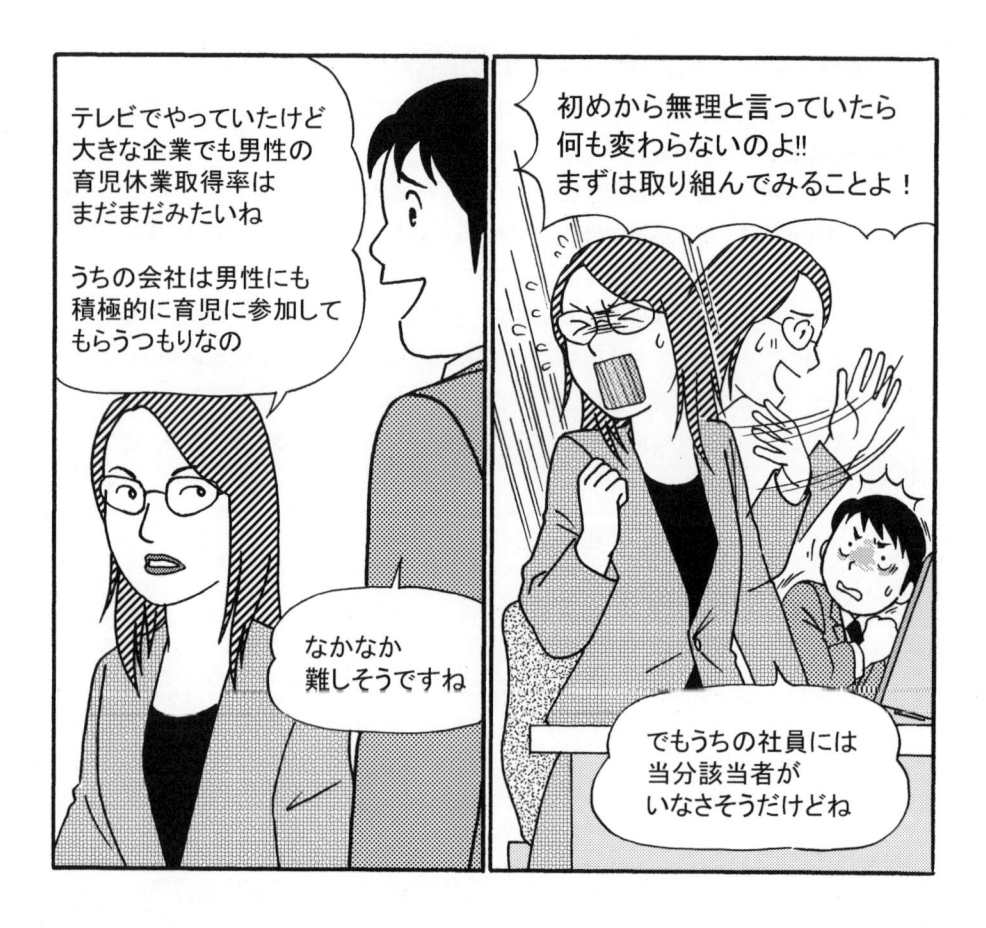

> テレビでやっていたけど大きな企業でも男性の育児休業取得率はまだまだみたいね
>
> うちの会社は男性にも積極的に育児に参加してもらうつもりなの

> なかなか難しそうですね

> 初めから無理と言っていたら何も変わらないのよ!!
> まずは取り組んでみることよ!

> でもうちの社員には当分該当者がいなさそうだけどね

鈴木さんからのアドバイス

田中：『出産や育児の給付は、女性のための給付といった感じですね。』
鈴木：『そうではないですよ。最近は「イクメン」なんて言葉もあり、国も夫婦で育児に参加できるようにと、さまざまな試みを行っています。青山社長にはこれらの制度の活用を提案してみてはいかがでしょうか。』

夫婦ともに育児休暇を取得する場合、原則、子が1歳に達するまでの育児休業を1歳2カ月までの2カ月間延長できます（パパ・ママ育休プラス制度）。夫婦が交代で育児休暇を取得するだけでなく、同時に取得することも可能です。ただし、夫婦1人当たりが取得できる育児休業期間は原則どおり1年間です。

また、育児休暇は連続して取得することが原則ですが、夫が妻の産後休暇に合わせて、産後8週間以内に育児休暇を取得する場合には、合計して1年を超えない範囲で2度に分けて育児休暇を取得することもできます。

活用のヒント

最近では、男性の育児休業についてニュースや新聞でも話題になることが多くなっています。男性でも育児休業が取得できることを話題にしてみましょう。

・「**男性でも育児休業が取得できることをご存知ですか。イクメンなんて言葉があるくらいですから、知っておいたほうがよいと思いますよ。**」
・「**夫婦で育児休業制度を利用する場合には、パパ・ママ育休プラス制度といって、育児休業の期間を延長できる制度がありますよ。**」

事業主が育児休業を取得しようとする男性の背中を押してあげる方法としても、パパ・ママ育休プラス制度を利用することができます。なお、その際には、育児休業を取得する男性以外の従業員にもパパ・ママ育休プラス制度を紹介して、社会保険の有効活用について広く理解を得るようアドバイスしましょう。

・「**従業員の皆さんにパパ・ママ育休プラス制度を知ってもらうことで、男性が育児休業を取得しやすい環境をつくることができます。**」

3. 介護に関する給付等

Case

　海野珍味(有)は酒の肴となる海産物の乾物加工から販売までを行っている会社です。地元のスーパーや酒屋が主な取引先です。

　先日、田中君が集金のため、工場に隣接する社長の自宅を訪問したときのことです。いつもなら、社長の代わりに応対してくれる社長の母親が見当たりません。代わりに海野社長が私服のまま出迎えてくれました。

> お母様はどうかなさったのですか？

> 実は階段で転んでしまって療養中なんだよ　回復には暫くかかるだろうね

> お大事になさってください

> ありがとう

> うちの会社にも親の介護をしている従業員はいるがその大変さがよく分かったよ

第4章　出産や育児・介護

鈴木さんからのアドバイス

田中：『社長が介護しているようでしたし、もしかしたら重傷なのかもしれません。いい方なので、本当に心配です。』

鈴木：『早くよくなってほしいですね。海野社長には、参考までに介護の際に役立つ社会保険の給付をご紹介してはいかがでしょうか。』

　我が国は今や世界有数の長寿国です。日本人の平均寿命は男女を平均しても優に80歳を超えています。平均寿命が長いというのは喜ばしいことではありますが、一方で、高齢化社会に伴うリスクとして介護に関する問題があります。私たちもいつ家族や親戚の介護に直面するか分かりません。

　労働者が家族の介護のために会社を休んだ場合に備えて、雇用保険には介護休業給付金の制度があります。

　事業主は当制度を活用することにより、労働者が休業中の賃金支払いの負担を軽減しつつ、その家庭環境についてより理解を深めるきっかけを作ることができるはずです。

（1）家族を介護する必要があるとき
―雇用保険からの給付　介護休業給付金―

　雇用保険の一般被保険者（介護休業開始前の2年間に賃金支払基礎日数が11日以上ある月が12カ月以上あることが必要）が、2週間以上にわたり常時介護を必要とする家族のために介護休業を取得した場合に、介護休業給付金の支給対象になります。

　この場合の「常時介護を必要とする」とは、負傷、疾病や身体上、精神上の障害のため、日常生活を送るために歩行、排せつ、食事等に介護が必要なことを表します。

> <介護休業給付金の支給額>
> 支給単位期間[※1]（1カ月）当たり、原則として「休業開始時賃金日額[※2]×支給日数[※3]×40％」の額が、最長3カ月間支給されます。
> ※1　支給単位期間とは、介護休業を開始した日から数えて1カ月ごとに区切った期間をいい、期間中に介護休業が終了する場合はその日までの期間となります。
> ※2　休業開始時賃金日額とは、原則、育児休業開始前6カ月間の賃金を180で割った額のことです。
> ※3　支給日数は30日を原則としますが、30日以内に介護休業が終了する場合にはその日までの歴日数となります。

　支給単位期間中に働いた日があっても支給対象になりますが、支給単位期間ごとに就業していると認められる日が10日以下である必要があります。
　また、支給単位期間中に賃金が支払われた場合、その額が「休業開始時賃金日額×支給日数の40％」を超えるときは一定の減額調整が行われ、80％以上になると介護休業給付金は支給されません。
　介護休業給付金は、職場復帰後に合計額が一括して支給されます。支給単位期間ごとに支払われるわけではありませんので、注意して下さい。

> <介護休業給付金の対象となる家族の範囲>
> ・一般被保険者の配偶者（事実婚含む）、父母（養父母含む）、子（養子含む）、配偶者の父母（養父母含む）
> ・一般被保険者が同居しかつ扶養している一般被保険者の祖父母、兄弟姉妹、孫

　一度、介護休業給付金を受給すると、同じ理由で再度介護休業を取得しても給付金の支給対象にはなりません。
　ただし、同一の家族について介護休業給付金を受給したことがある場合であっても、必要とされる介護の状態（種類）が異なれば、介護休業給付金の支給日数が通算93日になるまでは再び介護休業給付金が支給されます。93日とは、「31日（1カ月）×3＝93日（3カ月）」のことです〔図表22〕。

〔図表22〕介護休業給付金の受給方法

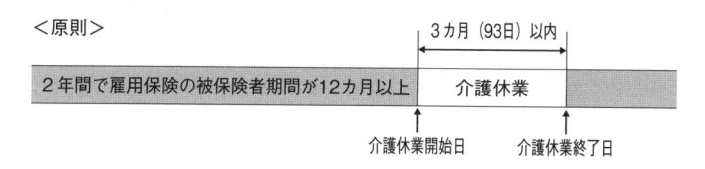

＜原則＞

```
                                    3カ月（93日）以内
┌─────────────────────────┬──────────────────┬─────┐
│2年間で雇用保険の被保険者期間が12カ月以上│     介護休業     │     │
└─────────────────────────┴──────────────────┴─────┘
                          ↑                  ↑
                     介護休業開始日       介護休業終了日
```

＜必要とされる介護の状態（種類）がＡとＢで異なる場合＞

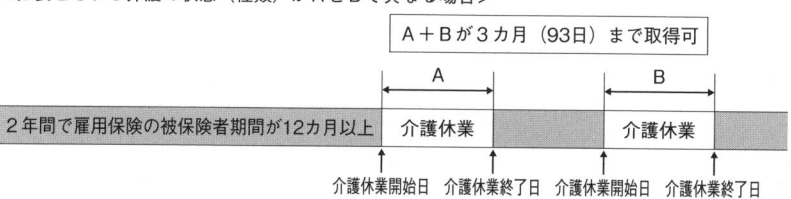

```
                                    A＋Bが3カ月（93日）まで取得可
                                      A             B
┌─────────────────────────┬────┬───┬────┬───┐
│2年間で雇用保険の被保険者期間が12カ月以上│介護休業│   │介護休業│   │
└─────────────────────────┴────┴───┴────┴───┘
                          ↑    ↑   ↑    ↑
                     介護休業開始日 介護休業終了日 介護休業開始日 介護休業終了日
```

（2）労働者が介護を受ける必要があるとき
―労災からの給付　介護（補償）給付―

　介護は家族に限ったものではなく、労働者自身もいつ介護を受ける立場になるか分かりません。労働者災害補償保険法では、労働者自身が労働に伴う災害によって介護を受けざるを得なくなった場合に備えて、介護（補償）給付の制度があります。

　労働者災害補償保険法による障害（補償）年金または傷病（補償）年金の受給権者のうち障害等級・傷病等級が第１級の方全てと第２級の「精神神経・胸腹部臓器の障害」を有している方が現に介護を受けている場合、介護（補償）給付の支給対象になります。

　「現に介護を受けている場合」とは、民間の有料介護サービスや親族または友人、知人により現に介護を受けていて、病院や老人保健施設には入所していないことを表します。施設等に入所している間は、既に十分な介護サービスを受けているとみなされ、介護（補償）給付の支給対象にはなりません。

　支給額には常時介護を受けている場合と随時介護を受けている場合の２つの区分があり、さらに家族や友人・知人から介護を受けているかどうかなどの詳細な規定があります。

<介護（補償）給付の支給額>

①常時介護を受けている場合

・親族または友人・知人から介護を受けていて、介護の費用を支出していない場合
5万6,600円（一律定額）

・親族または友人・知人から介護を受けていて、さらに介護の費用を支出している場合
その額が5万6,600円以下→5万6,600円（一律定額）
その額が5万6,600円超→その額を支給（上限10万4,290円）

・親族または友人・知人から介護を受けていない場合
介護の費用として支出した額（上限10万4,290円）

②随時介護を受けている場合(常時介護を受けている場合の半額になります)

・親族または友人・知人から介護を受けていて、介護の費用を支出していない場合
2万8,300円（一律定額）

・親族または友人・知人から介護を受けていて、さらに介護の費用を支出している場合
その額が2万8,300円以下→2万8,300円（一律定額）
その額が2万8,300円超→その額を支給（上限5万2,150円）

・親族または友人・知人から介護を受けていない場合
介護の費用として支出した額（上限5万2,150円）

　上記の額が、原則として暦月単位で支給されます。介護（補償）給付は、あくまで労災の傷病（補償）年金または障害（補償）年金を受給中の方を対象にした補填的な給付です。私生活でのケガや病気は対象になっていないことに注意して下さい。

(3) 介護関連事業主の方への助成金のご案内

　「介護」に関して労働・社会保険の活用方法について紹介してきましたが、金融機関が事業主にアドバイスできるもう１つの要素として、助成金の活用が考えられます。

　高齢化社会の進展に伴い介護関係の従事者数は、今後ますます増加していくことが予想されるなか、介護労働者の就業環境の向上を図るため、雇用保険が適用されている介護関連事業主を対象に、助成金が制定されています。

　介護関連事業主に関係する助成金は、介護労働者の労働環境の向上を図ることを目的としており、介護福祉機器を導入・運用した場合に費用の一部が支給されることなどがあります。

　なお、助成金は年度ごとに給付内容や助成額等に変更の可能性があるため、詳細は厚生労働省のホームページにて確認をするようにして下さい。

　助成金の提案の際には「介護」をキーワードに加えておいて下さい。きっと役に立つはずです。

活用のヒント

　介護というのは、実際に経験して改めてその大変さを実感することが多いはずです。今後、従業員が家族を介護する必要に迫られたときに備えて、雇用保険の介護休業給付金について次のように話をしてみましょう。

- 「ご参考までに、雇用保険には、従業員の方が家族を介護する必要があった場合に備えて介護休業給付金の制度があります。」
- 「従業員の方がご家族を介護する必要に迫られたときには、雇用保険の介護休業給付金を活用する方法がありますよ。」

　さらに、当制度を利用することによって事業主側の給与負担軽減にもつながることにも触れてみましょう。

- 「介護休業給付金制度は、給与保障の意味合いもありますから、事業主の負担を軽減しつつ、従業員の支援を行うことが可能ですよ。」

　また、介護関連事業所にとっては、既に介護に関係する雇用保険の活用方法について周知されていることが多いと思いますが、こういった事業所を訪問した際に、介護休業給付金について話題にしてみることもできます。

- 「雇用保険の介護休業給付金は、非常に役に立つ制度ですね。」
- 「お客様のご家族のなかには、介護休業を取得する方も多いのではないですか。」

　高齢化社会の進展に伴い、介護関連事業への期待はますます大きなものとなっています。国からの助成金もありますので、介護関連事業主には助成金に関する提案をしてみましょう。介護労働者の負担軽減のために雇用管理の改善を図った場合に支給される助成金などがあります。こういった助成金に関してはこちらから案内するより前に既にご存じのことが多いかもしれませんが、必要とされる情報を提供し続けていくことが信頼の確保につながります。以下のように案内することで、その事業に対して関心があるという姿勢をみせていくことが重要なのです。なお、助成金については、年度ごとの改廃、変更が多いですから、必ずインターネット等で確認をしてから提案するようにして下さい。

- 「既にご存じのこととは思いますが、(パンフレット等を用意して) 介護関連事業主様向けにこのような助成金があります。」

第5章

退職準備

1. 従業員のための退職金準備

Case

　布袋ギフト(株)は、主に企業向けの贈答品を取り扱う従業員が10人程度の会社です。小回りのきいた営業活動を売りとしています。
　先日、会社設立の当初から社長の右腕として働いていた従業員が退職することになり、退職金を準備するために田中君がお伺いしたときのことです。

> 今日はわざわざありがとう

> 失礼します

> いえいえとんでもありません

> ではこちらの書類に記入をお願いいたします

> 彼はよく頑張ってくれたし…これくらいは用意してあげないとな

鈴木さんからのアドバイス

田中:『布袋ギフトの業績は悪くないのですが、社長は積立金を取り崩すことに少し抵抗があったみたいです。』
鈴木:『退職金については、計画的な積立てが重要ですよね。今後に備えて中小企業退職金共済制度(中退共)を勧めてみてはいかがですか。』

　退職金は、ある程度の期間企業に勤めていれば必ず支給されるものだと思っていませんか。実は、労働基準法には退職金に関する規定は存在しません。企業に、退職金の支払義務はないのです。
　しかしながら退職金制度は、多くの企業にとって、長年自社の発展のために功労してくれた従業員への恩恵として、そして企業の信頼確保のためにも非常に重要な制度だといえるでしょう。
　退職準備金を常時積み立てておくというのは、決して簡単なことではありませんが、国が作った退職金制度である「中小企業退職金共済制度(中退共)」を利用すれば、無理なく積み立てることができ、掛金に関する一定額の助成を受けることも可能です。
　中退共とは、昭和34年に国の中小企業対策の一環として制定された中小企業退職金共済法に基づき設けられた制度で、中小企業者の相互扶助の精神と国の援助で退職金制度を確立し、中小企業の従業員の福祉増進と雇用の安定を図り、中小企業の振興と発展に寄与することを目的としています。

(1) 加入できる企業と従業員
　中退共に加入できる企業と従業員は、〔図表23〕のとおりです。

(2) 従業員の例外
　従業員は原則として全員加入しますが、次の条件に当てはまる者は加入しなくてもよいことになっています。
①期間を定めて雇われている者

〔図表23〕加入できる企業と従業員

一般業種 (製造・建設業等)	常用従業員数300人以下、または、資本金・出資金3億円以下
卸売業	常用従業員数100人以下、または、資本金・出資金1億円以下
サービス業	常用従業員数100人以下、または、資本金・出資金5,000万円以下
小売業	常用従業員数50人以下、または、資本金・出資金5,000万円以下

※個人企業や公益法人等は、常用従業員数で判断します。
※加入できる企業の規模は業種によって異なります。

②試用期間中の者
③休職期間中の者
④定年などにより短期間で退職することが明らかな者

(3) 除外

　中小企業退職金共済制度は従業員のための退職金制度です。次の条件に当てはまる者は従業員とはみなされませんので、加入することができません。
①事業主および小規模企業共済制度に加入している者
②法人企業の役員（ただし役員であっても同時に従業員としての立場も有し、賃金の支払いを受けている者は加入できます）　など

(4) 退職金の算出と支払方法

> 退職金の額＝基本退職金＋付加退職金

　基本退職金とは、掛金月額と納付月数に応じて法令で定められている金額です。制度全体として予定運用利率が1％と定められています。なお、予定運用利率は法令の改正により変更になることがあります。
　付加退職金とは、運用利回りが予定運用利回りを上回った場合に、基本退職金にプラスされる退職金です。運用収入の状況等に応じて定められます。
　退職金は、退職の際に一括払いで支払います。ただし、退職日に60歳以上で一定の条件を満たせば、5年間または10年間で支払う全額分割払い、一部分割払い（併用払い）を選択することも可能です。なお、退職金は税法上、一括払いの場合は退職所得、分割払いの場合は公的年金等控除の対象となる雑所得として

取り扱われますので、これらを考慮して受給方法を選択するとよいでしょう。

（5）掛金の選択
　掛金の月額は16種類（5,000円～3万円）で、そのなかから従業員ごとに選択できます。なお、短時間労働者（1週間の所定労働時間が通常の従業員よりも短く、かつ、30時間未満の者）は、これ以外に3種類（2,000円～4,000円）の特例掛金月額からも選択することができます。

　掛金は全額事業主が負担し、従業員に負担させることは許されません。掛金は従業員ごとに変更ができますが、減額をするには、従業員の同意を得るなどの必要があります。なお、掛金は法人企業の場合は損金、個人企業の場合は必要経費となりますので、税法上の特典は大きいはずです。

（6）掛金の助成
①新規加入助成
　新しく中退共に加入する事業主に対して、加入後4カ月目から1年間、国が掛金月額の2分の1（従業員ごとに上限5,000円）を助成します。また、短時間労働者の特例月額掛金については、さらに一定額（300円～500円）の上乗せ助成があります。

②月額変更助成
　1万8,000円以下の掛金月額を増額する事業主に対して、増額した月から1年間、国が増額分の金額の3分の1を助成します。

　新規加入助成期間中に増額変更する場合には、新規加入助成と月額変更助成の両方の助成を受けることが可能です。

　同居の親族のみを雇用する事業主は「新規加入助成」「月額変更助成」の対象とはなりませんので、注意して下さい。

③自治体助成
　国からの助成のほかに自治体独自で中退共の掛金助成を行っている掛金助成自治体があります。補助金額、交付期間等は各自治体または実施団体ごとに異なりますので、中退共のホームページ等で確認して下さい。

（7）中退共加入による福利厚生

　中退共に加入すれば、従業員の福利厚生の一環として、中退共と提携しているホテル、レジャー施設等を割引料金で利用できるようになります。

　国が設けた制度という点で信頼性も高く、金融機関として中退共は、各種助成や税法上の特典からも提案しやすい制度です。

活用のヒント

　退職金などは支払いの必要に迫られたときに初めて、「準備をしておけばよかった」と思うものです。そのような出来事に対して予防措置を提案するのも、金融機関の役目の1つです。

　設例の場合には、今後に向けての予防措置として中退共について次のように紹介するとよいでしょう。

・「今後、従業員が退職されるときに備えて、中小企業退職金共済制度を利用されてはいかかでしょうか。」

　加入する利点としては、さまざまな要素が考えられますが、まず、掛金が損金になる点について以下のように説明するとよいでしょう。事業主にとっては、いかに出費を抑えられるかが最も重要なポイントになるからです。その際には国からの助成についても補足します。

・「掛金は法人企業の場合は損金（個人企業の場合は必要経費）となり、一定の場合、国からの助成を受けることもできます。」

　掛金の税制上のメリットを強調するもう1つの理由は、それが確実に受けられるメリットだからです。現在の中退共の制度上のメリットを強調した場合、例えば予定運用利率が下がったときなどに、加入時より条件が悪くなったというようなトラブルとなる可能性があります。その点を踏まえた上で次のように加入の案内をしてみましょう。

・「中小企業退職金共済制度にご加入いただく利点として、掛金が全額損金になることが挙げられます。もちろん、予定運用利率による利回りも期待できる制度ですが、預金として積み立てていく場合に比べて節税効果が得られるのが大きな特徴です。」

掛金の助成については大枠を説明し、後はパンフレット等で確認してもらいます。ただし、掛金の全てが助成されるわけではないことには注意して下さい。
- 「中退共に加入すると、1年間、国から掛金の助成が受けられます。ただし、上限がありますからご注意下さい。」

　このほか、掛金を増額した場合にも助成金が支給されることがあります。
　金融機関として中退共への加入を案内する場合には、あくまで付加的な要素となりますが、福利厚生施設の利用について次のように案内することもできます。
- 「中退共に加入すると、提携しているホテル、レジャー施設等を割引料金で利用できるようにもなりますよ。」

2. 経営者のための退職金準備

Case

　田中君は、集金先でもある二瓶理髪店をよく利用しています。社長に散髪をしてもらっていたところ、お店のラジオから年金についての話題が聴こえてきました。

年金の受給開始年齢が上がったんですね
私たちの年代になると年金がもらえなくなったりして…
笑いごとじゃないですよ

日本の年金制度はどうなっちゃうのかねぇ…

私も国民年金だけだしその年金もあてにならないでしょ…
先行き不透明で老後が心配だよ

そうですよね
老後に備えて自分で積み立てておくことも必要ですよね

第5章 退職準備

鈴木さんからのアドバイス

田中：『やっぱり老後に備えてコツコツ積み立てておくべきですよね。』
鈴木：『いかにも金融機関の人の発想ですね。もちろんそれも1つの方法ですが、国民年金基金や経営者向けの年金制度への加入の提案も考えられますよ。でもその前に田中君、年金があてにならないといわれて、「そうですね」と相づちを打ってしまったのはダメですよ。われわれが提案するさまざまな制度や商品も、公的年金の給付を前提として、それにプラスするものとして成り立っているのですから。』

　従業員に対する退職金対策としては、「中小企業退職金共済制度」の活用が考えられます。では企業の経営者が自身の老後資金を準備しておく何かいい方法はないのでしょうか。ここでは自営業者など国民年金の第1号被保険者の老後の所得保障の役割を担う国民年金基金や、経営者向けの年金制度の1つである「しんきん経営者年金」をご紹介します。

(1) 国民年金基金

　自営業者（国民年金の第1号被保険者）向けの老後の備えとして、国民年金基金への加入が考えられます。
　国民年金基金は、老齢基礎年金に上乗せする国民年金の第1号被保険者のための公的な制度で、職能型と地域（都道府県）型に分かれています。例えば農業従事者がJAなどで加入できる全国農業みどり国民年金基金は、職能型基金の1つです。65歳から受け取ることができる終身年金を基本とし確定年金を組み合わせることが可能です。月の掛金は原則として6万8,000円が上限で、加入口数の増減も可能です（増口は年度内に1回）。
　また、平成25年4月からは国民年金に任意加入している60歳以上65歳未満の方も国民年金基金に加入できるようになりました。
　その他の特徴として、以下の点などが挙げられます。

> ① 支払った掛金は全額が社会保険料控除になる。
> ② 受給する年金は公的年金控除の対象となる。
> ③ 一定の場合、遺族一時金が支給される。

逆に注意点として、以下の点などがあります。

> ① 原則として中途解約ができない。
> ② 老齢基礎年金のように物価スライドしないため、物価の上昇に対応できないことがある。
> ③ 国民年金基金に加入するか付加保険料を納めるかは、どちらか一方しか選択できない。

金融機関としては、自営業者（国民年金の第1号被保険者）の老後に向けた提案の1つとして、国民年金基金の存在を知っておくとよいでしょう。

（2）経営者向けの年金制度

信用金庫の取引先を対象とした「しんきん経営者年金」や信用組合の取引先を対象とした「しんくみ経営者年金」、各地の商工会議所の会員を対象とした経営者年金共済制度などがありますが、ここでは「しんきん経営者年金」を例に解説します。

「しんきん経営者年金」とは、信用金庫の取引先（会員）を対象とした制度で、法人の役員及び個人事業主で、満20歳以上78歳未満の健康で正常に就業している方が加入することができる拠出型企業年金保険です。新規加入の際には、しんきん協議会に併せて入会し、しんきん協議会の企業会員になる必要があります。なお、新規加入の申込受付は年4回に分けて行われています。

①主な特徴

主な特徴は以下のとおりです。
(a) 1口1万円、1人最高10口（掛金10万円）まで加入することができます。
(b) 掛金払込み期間中、脱退を希望する場合には脱退一時金が支給されます。
　　ただし、早期脱退の場合には、元本割れしますので注意が必要です。
(c) 掛金払込み期間中、万一死亡した場合には、遺族一時金として「脱退一時

金＋払い込み中の掛金1口につき1万円をプラスした額」が支給されます。
(d) 年金の受取り方法は、「10年確定年金コース」と「10年保証期間付終身年金コース」の2つから選択可能です。なお、年金の支給開始時期（＝掛金払込み完了時期）は60歳から80歳の間で自由に選択できます。
(e) 将来の年金受取り額は確定しているわけではなく、変動（増減）します。
(f) 掛金は、原則として個人年金保険料控除の対象となります。

②コースの選択

以下の2つのコースから選択をします。
(a) 10年確定年金コース
　・加入者の生死にかかわらず、10年間年金を受け取ることができます。年金の受給中、残余保証（支払）期間部分に対応する年金原資相当額を一時金で受給することも可能です。
　・年金受取人が死亡した場合には、残余支払期間中、その遺族が年金を受給することができます。この場合でも、希望により一時金での受け取りが可能です。
(b) 10年保証期間付終身年金コース
　・終身にわたり、年金を受け取ることができます。10年間の保証期間中ならば、残余保証（支払）期間部分に対応する年金原資相当額を一時金で受給することも可能です。この場合、年金受給者が保証期間経過後も生存していれば、終身年金の支払いが再開されます。
　・10年保証期間中に年金受給者が死亡した場合、残余保証（支払）期間中、その遺族が残りの年金を受給することができます。この場合でも、希望により一時金での受け取りが可能です。ただし、年金受給権者が保証期間経過後に死亡した場合には、遺族に対する保証はありません。

経営者との長期的な信頼関係を構築するためにも、取扱可能な年金制度について提案を重ねていくことが重要です。

活用のヒント

設例のような個人事業主の場合、国民年金にのみ加入しているため、老後の年

金受取額に不安を感じていることもあるでしょう。

　国民年金基金は、自営業の方などの公的な付加年金制度です。少ない掛金で始められ、加入後もライフサイクルに応じて月々の掛金を増減することもできます。掛金は、全額が社会保険料控除の対象となり、一般の個人年金と比べても有利です。国民年金基金への加入は任意ですが、加入後は途中で任意に脱退はできないので注意が必要です。

　また、しんきん経営者年金やしんくみ経営者年金は、取引先（会員）を対象にした制度で、それぞれの業態を生かして、取引先に案内することができます。以下、信用金庫を例に活用例を紹介します。

　まずは、制度について次のように紹介をしてみましょう。

・「社長、しんきん経営者年金というものがあります。一口1万円から加入できますよ。」
・「私たち信用金庫と取引していただいている事業主向けに、しんきん経営者年金という制度があります。」

　しんきん経営者年金は信用金庫の取引先を対象とした制度ですので、その事業主にとって加入しやすい条件が提示されているのが特徴です。また、一定の場合には脱退することも可能ですので、加入に伴うリスクも低いといえます。ただし、元本割れのリスクについては注意して下さい。また、掛金は個人年金保険料控除の対象になりますから、ある程度の節税効果も期待できます。申込受付期間を意識した上で以下のように積極的に加入を推進し、事業主とその会社の将来に備えましょう。

・「しんきん経営者年金は信用金庫の取引先である事業主に向けた年金制度です。ぜひ、加入をご検討下さい。」
・「脱退を希望する場合には脱退一時金を受け取ることができます。ただし、早期解約の場合は、元本割れすることがありますので、ご注意下さい。」
・「掛金は個人年金保険料控除の対象になります。」

　さらに、年金受取期間について、遺族保障も含めて伝えてみましょう。

・「年金は10年間、または終身にわたり受け取ることができます。一定の場合、遺族保障もありますよ。」

第5章　退職準備

3. 個人年金保険

Case

　轟自動車(株)は中古自動車の販売を行っています。地域に密着した営業活動を行い親切なアフターフォローで評判のお店です。

　先日、轟社長の奥様が支店に来店した際に、備え付けてあった個人年金保険のパンフレットに興味を持ちました。明日なら時間があるということなので、田中君が翌日訪問することになりました。

いらっしゃい！妻から聞いたんだけどこの個人年金保険について詳しく話をしてもらえないかな？

ありがとうございます
私どもでは一時払い型の個人年金保険を取り扱っております
たとえば今度満期を迎える定期預金を原資にする方法が考えられます

年金はあてにならないから詳しく聞かせてちょうだい！

前にもこんなことを言われたような…？

個人年金保険というのは
…略…
公的年金を補完するものとしてお考えください

107

鈴木さんからのアドバイス

田中：『以前教えてもらったとおり、公的年金との関係を説明しながら、個人年金保険の案内をして来ました。ご検討いただけるとのことでしたので、後日再訪問をして来ます。』

鈴木：『よかったですね。公的年金を補完するものとして個人年金保険は非常に有効ですよ。成約につながるといいですね。その調子で必要なお客様にどんどん提案して下さい。会社員のお客様に提案するときには、これから年金受給権を得る人たちに関係する、年金の空白期間等についてもきちんとお伝えできると、さらにその必要性をご理解いただけると思います。』

　特別支給の老齢厚生年金の支給年齢の段階的引き上げが始まり、老齢基礎年金の特例水準も解消されます。金融機関にとって、顧客のセカンドライフに向けての提案はますます重要になってきたといえます。

　金融機関でも保険商品を取り扱えるようになった利点を生かし、定額個人年金保険を提案してみましょう。

　定額個人年金保険は、老後に備えた保険の1つで、定められた年金額を受け取ることができる商品です。この保険は、保険料払込み期間中の運用実績によって年金受取額が変動する変額個人年金保険〔図表24〕と違い、運用益を期待する金融商品ではありません。あらかじめ決まった額を安定して受け取ることができる商品であることに理解を得た上で、推進すべき商品です。

〔図表24〕変額個人年金保険の一例

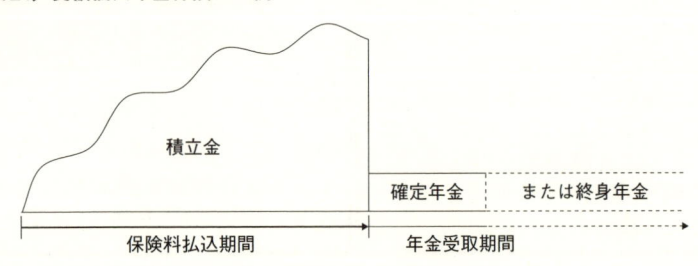

なお、本項目では金融機関として管理・推進をしやすいという観点から、「一時払いの定額個人年金保険」についてご紹介します。余剰資金を積極的に活用し、豊かなセカンドライフの一助となる提案を行いましょう。

ひとくちに定額個人年金保険といってもさまざまな商品がありますが、ここで紹介する「一時払いの定額個人年金保険」は、保険料の据置期間が10年以上で、5年または10年の確定年金か一時金としての受給が可能な商品として説明をすることとします。また、公的年金の補填という観点から、自営業者（国民年金の第1号被保険者）と主婦（同第3号被保険者）を対象とした場合と、サラリーマン（厚生年金保険の被保険者）を対象とした場合の2種類に区分し、確定年金として受け取ることを前提としてご紹介します。

（1）自営業者（国民年金の第1号被保険者）と主婦（同第3号被保険者）を対象とした場合

自営業者（国民年金の第1号被保険者）と主婦（同第3号被保険者）の主な年金収入は、65歳から受給する老齢基礎年金になることがほとんどです。年金収入自体が低額になることが多いため、「年金収入はあてにならない」などの発言が聞かれることがあります。公的年金はあくまで生活の基礎的な部分を支える年金であることに理解を得た上で、あらかじめ決まった額を受け取ることができる「定額個人年金保険」を提案しましょう。

この場合の「定額個人年金保険」は、65歳からの公的年金を補完する上乗せ給付として余剰資金の有効活用を提案します〔図表25〕。保険料の据置期間を考

〔図表25〕定額個人年金保険の一例

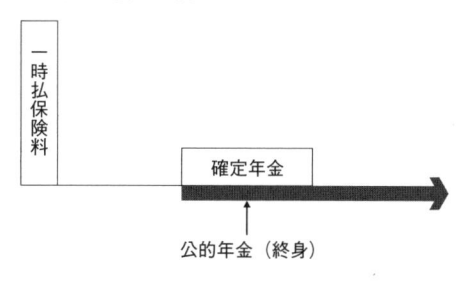

慮すると、遅くとも50～55歳未満の方が推進先になります。50歳以上の人に送付されるねんきん定期便には、現状のまま60歳まで国民年金保険料を納付した場合の年金見込額が記載されますので、参考にするとよいでしょう。

　なお、取り扱っている商品のなかに終身保険があり、その終身保険が年金移行特約付きのものであれば、生涯にわたる年金の上乗せを提案することも可能ですが、終身保険の主な目的は、あくまで本人に万一のことが起きた場合にあることに注意して提案して下さい（年金移行特約については各保険会社のパンフレット等で条件を確認して下さい）〔図表26、27〕。

（2）サラリーマン（厚生年金の被保険者）を対象にした場合

　現在、特別支給の老齢厚生年金の支給年齢の段階的引き上げが行われている最中です。このため、年金が支給されない「年金空白期間」が生じることになります。高年齢者雇用安定法により、年金空白期間に呼応した形で65歳までの雇用が原則、義務化されてはいますが、60歳以降の収入減にあらかじめ備えておく

〔図表26〕終身保険（月払）の一例

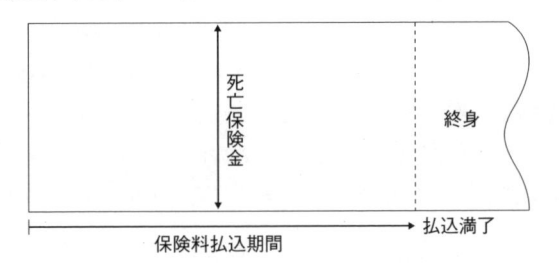

〔図表27〕一時払終身保険の一例

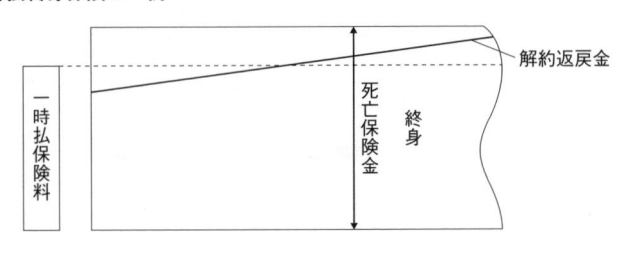

ことはサラリーマン（厚生年金保険の被保険者）にとって非常に重要な課題です。

収入減への対策としての「定額個人年金保険」を提案しましょう。

この場合の「定額個人年金保険」は、まず、60歳から65歳までの「年金空白期間」を埋める、つなぎの年金として提案します〔図表28〕。

併せて、定年後に再雇用あるいは継続雇用された場合の給与の減額に備える形でも提案を行います。定額個人年金保険は民間の保険ですので、在職老齢年金の仕組みによる年金支給停止の対象にはなりません。在職中の収入減に備える意味でも定額個人年金保険は非常に有効です。

余剰資金（賞与等）を有効活用しつつ、保険料の据置期間を考慮して推進しましょう。50歳以上の人に送付されるねんきん定期便には、現状のまま60歳まで在職した場合の年金見込み額が記載されますが、在職老齢年金による影響は考慮されていませんので注意が必要です。

なお、取り扱っている商品のなかに終身保険があり、その終身保険が年金移行特約付きのものであれば、生涯にわたる年金の上乗せ給付についても併せて提案することが可能ですが、終身保険の主な目的は、あくまで本人に万一のことが起

〔図表28〕年金空白期間

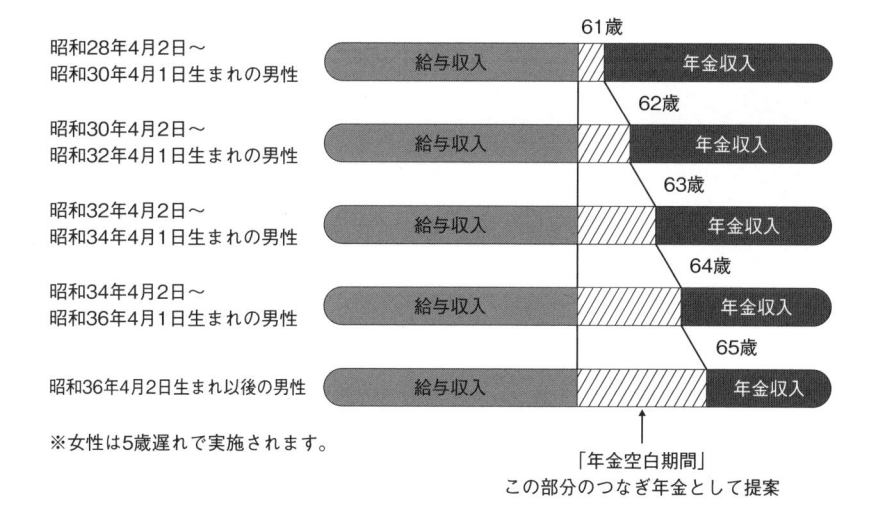

生年月日	給与収入	年金空白期間	年金収入開始年齢
昭和28年4月2日～昭和30年4月1日生まれの男性	給与収入		61歳～
昭和30年4月2日～昭和32年4月1日生まれの男性	給与収入		62歳～
昭和32年4月2日～昭和34年4月1日生まれの男性	給与収入		63歳～
昭和34年4月2日～昭和36年4月1日生まれの男性	給与収入		64歳～
昭和36年4月2日生まれ以後の男性	給与収入		65歳～

※女性は5歳遅れで実施されます。

「年金空白期間」この部分のつなぎ年金として提案

きた場合にあることに注意して提案して下さい（年金移行特約については各保険会社のパンフレット等で条件を確認して下さい）。

次項では個人型確定拠出年金についてご紹介しますが、個人年金保険は個人型確定拠出年金と違い、解約が比較的容易であることも、金融機関にとって取り扱いやすい理由の１つです。しかし、早期の解約は元本割れのリスクがあり、必ずしも望ましい結果につながるわけではありません。各種契約は本来の目的が達成できるように提案をすべきです。

活用のヒント

老齢厚生年金の「年金空白期間」への対応として、65歳までの雇用確保措置が行われていますが、老後の安心・安定を確実なものとするためには、より一層、個人の自助努力が必要になってきたといえます。金融機関としては一時払いの定額個人年金保険を提案することで、お客様の「年金空白期間」への対応をお手伝いすることができます。

特別支給の老齢厚生年金の段階的支給引き上げによって、年金が受給できなくなる「年金空白期間」が生じることについてよく理解した上で、次のように話を進めてみて下さい。

・**「老齢厚生年金が受け取れなくなる年金空白期間への対応として、個人年金保険を検討されてはいかがでしょうか。」**

「年金空白期間」への対策としては、65歳までの雇用確保措置により、働いて補填することが可能ですが、個人年金保険を活用することもできます。

もう１つ、個人年金保険をセールスする上で重要なのは「個人年金保険は公的年金を補完するもの」だということです。「公的年金はあてにならない」というような発言をしてはいけませんし、肯定もしてはいけません。設例のようにお客様から公的年金を否定するような発言があった際には、忘れずに以下のように案内して下さい。繰り返しになりますが、民間の保険はあくまで公的年金を補完するものなのです。

・**「個人年金保険はあくまで公的年金を補完するものとしてお考え下さい。」**

反対に金融機関の側からも公的年金を否定するような発言をしないで下さい。

公的年金は老後の生活の土台です。土台そのものの強度を否定する議論はあるかとは思いますが、その土台を否定して上積み（個人年金保険）の価値を計ることはできません。

　「公的年金はあてになりませんから、個人年金保険を検討されてはいかがでしょうか。」

　このような発言は決してあってはならないのです。

　特別支給の老齢厚生年金の段階的支給引き上げは、女性は男性に比べて5年遅れで実施されますが、共済年金に関しては男女同時に行われています。特別支給の老齢厚生年金に相当する共済年金を特別支給の退職共済年金といいます。この特別支給の退職共済年金の受給予定者に対しては、男女の差を考慮することなく個人年金保険を案内することができることを覚えておくとよいでしょう。

4. 個人型確定拠出年金

Case

　水谷水道(株)は、水道工事の請負を行っていますが、今期の業績はあまり期待できるものではありません。水谷社長は心身ともに疲れ切っている様子です。それでも事業の継続のためにと従業員の補充を行ったのですが、中途採用したその従業員から思いもよらない依頼をされたようです。

中途採用した従業員が個人年金に入るから認めてくれと言ってきたんだがどういうことなのかわかるかい？

確定拠出年金と書いてありますね

それくらいは読めば分かるよ！

どんな内容なのかを教えて欲しいんだよ！振込先は君のところなんだよろしく頼むよ

すみません
僕にも
よく分かりません
ひとまず書類を
お預かりさせてください

鈴木さんからのアドバイス

田中：『鈴木さん、すみません。どうしても分からなかったので、ひとまず書類を預かって来ました。』

鈴木：『個人型確定拠出年金のことですね。加入のためには勤務先が厚生年金保険の適用事業所でなければならないので、それを事業主へ確認することになっているのです。個人型確定拠出年金の手続きに関しては、移換に関する手続きが金融機関の主な業務になるので、確認しておきましょう。』

（1）確定拠出年金

現在、特別支給の老齢厚生年金は段階的に支給年齢が引き上げられている最中です。昭和36年4月2日以後生まれの男性は原則、65歳になるまで老齢年金が受け取れなくなります。

高年齢者雇用安定法により65歳になるまでの雇用確保措置がなされてはいますが、豊かな老後の実現のためには個人の自助努力が一層必要になってきたといえるでしょう。

確定拠出年金は公的年金の上乗せ給付の1つです。厚生年金保険料のように給与によって保険料が増減することはなく、毎月決まった（確定した）掛金を払い込み（拠出して）、将来受け取る年金に変えていくことから、このように呼ばれています（ただし、個人型確定拠出年金ではライフプランに合わせ年1回に限り掛金の変更ができるようになっています。また、年金の代わりに一時金として受け取ることも可能です）。

確定拠出年金に加入すると自己責任で掛金の運用の指図（運用する金融商品の選択）を行い、将来受け取る年金額に反映させることになります。掛金の運用方法には、預金や利率保証型の保険などを対象とした元本確保型や、株式や投資信託などを対象としたリスク運用型などがあり、これらを組み合わせることによりライフプランに見合った運用を行っていきます。

ローリスク・ローリターンの商品からハイリスク・ハイリターンの商品までありますので、将来受け取る年金額への期待と元本割れのリスクとを見極めること

が重要です。

確定拠出年金には企業型確定拠出年金と個人型確定拠出年金の２種類があります。

企業型確定拠出年金とは、企業（会社）が福利厚生の充実のため、厚生年金の上乗せとして実施している確定拠出年金のことです。企業型では原則として掛金は会社が負担し、運用する金融商品の選択は個人の責任で行います。原則として企業型確定拠出年金を導入している企業の60歳未満の正社員（国民年金の第２号被保険者＝厚生年金保険の被保険者）であれば強制加入です。

個人型確定拠出年金とは、20歳以上60歳未満の個人事業主（国民年金の第１号被保険者）、または勤務先で企業型確定拠出年金・厚生年金基金などの企業年金制度の対象となっていない60歳未満の企業の役員・従業員などの厚生年金保険の被保険者が加入できる確定拠出年金のことです。

なお、確定拠出年金には公務員や、主婦など（国民年金の第３号被保険者）は加入することはできません。

金融機関が確定拠出年金に関する業務を取り扱うには、少なくとも運営管理機関（生命保険会社等）と受付事務の業務委託契約を締結している必要があります。受付事務の委託契約を結ぶ主なメリットは、代行手続きによる手数料収入と長期にわたる口座の確保です。

金融機関では主に個人型確定拠出年金を取り扱うことになると思われますので、以下、「個人型」を中心に解説を進めます。

（２）個人型確定拠出年金に関する税制上の３つのメリット

確定拠出年金のことを日本版401ｋと呼ぶことがありますが、これは日本の確定拠出年金制度がアメリカの内国歳入法第401条（ｋ）項を参考にしているためです。アメリカの内国歳入法とは、個人所得税・法人所得税、その他の税法について総括規定している法律です。このことからも日本の確定拠出年金制度の特徴は税制優遇措置であるといえます。

原則、国民年金の第１号被保険者は月額６万8,000円（年額81万6,000円）、国民年金の第２号被保険者は月額２万3,000円（年額27万6,000円）を上限として、掛金の拠出（保険料の掛け込み）を行い、運用の指図（運用する金融商品

の選択）を行います。

　個人型確定拠出年金では、これら全ての金額を所得から控除することができます。つまり、国民年金の第１号被保険者ならば年額81万6,000円、国民年金の第２号被保険者ならば年額27万6,000円まで全額所得控除の対象になるということです。

　また、運用した金融商品から発生した利益（運用益）にも原則として税金はかかりません。

　60歳以降、運用した掛金を受け取る際には原則として年金あるいは一時金として受給するかを選択することになります。年金として受け取る際には、雑所得として公的年金等控除が適用され、一時金として受け取る際には、退職所得として退職所得控除が適用されます。

　個人型確定拠出年金には、拠出から受給まで税制上のメリットがあるのです。

＜個人型確定拠出年金に関する税制上の３つのメリット＞
① 掛金は全額所得控除
② 運用益は非課税
③ 受取時は年金ならば公的年金等控除、一時金ならば退職所得控除

（3）確定拠出年金の注意点

　税制上の恩恵が多い個人型確定拠出年金ですが、特に注意していただきたい点があります。それは個人型に限らず企業型も含めて確定拠出年金全般にいえることですが、「確定拠出年金は１度加入すると、原則として60歳になるまで途中の引き出しや脱退はできない」ということです。

　例えば個人型確定拠出年金の脱退を希望する場合の要件の一部には、以下のようなものがあります。

①60歳未満であること。
②個人型確定拠出年金の加入者の条件からはずれたこと（国民年金の第３号被保険者となった場合など）。
③通算拠出期間が１カ月以上３年以下であること。または個人別管理資産の額が50万円以下であること。

④最後に企業型または個人型確定拠出年金の資格を喪失してから2年を経過していないこと。

　原則として確定拠出年金は、一度加入すると生命保険のように途中で止めるというわけにはいかないのです。
　では、金融機関としてはどのように加入を推進していくべきなのでしょうか。

（4）個人型確定拠出年金の推進方法

　個人型確定拠出年金の推進方法の1つとして厚生年金保険の第2号被保険者を対象にした「年金空白期間」への対応が考えられます。
　111ページの〔図表28〕をご覧下さい。特別支給の老齢厚生年金は現在、段階的に支給開始年齢が引き上げられ、年金を受給できない「年金空白期間」が生じている最中です。高年齢者雇用安定法により60歳以降の雇用確保措置が行われてはいますが、この期間には収入が減るかもしれないというリスクがつきまとっています。
　このリスクを回避しやすくするため、公的年金の代わりとして個人型確定拠出年金を受給するのです。
　確定拠出年金は在職老齢年金の仕組みによって支給停止になることはありませんから、給与収入のいかんにかかわらずその全額を受給できます。
　また、公的年金を受給できない期間に確定拠出年金を受給すれば、原則としてその全額を対象に公的年金控除を利用することができますので、確定拠出年金が持つメリットを十分に生かすことができるのです。
　ただし、個人型確定拠出年金を60歳から受給するには最低でも10年以上の加入期間が必要になりますので、50歳未満の方を対象に推進をしていく必要があります。
　金融機関にとって個人型確定拠出年金は自営業などの国民年金の第1号被保険者が主な推進先でしたが、今後は企業年金制度に加入していないサラリーマンを対象にした推進がより重要になってくるでしょう。

（5）移換（ポータビリティー）

　確定拠出年金を採用している企業を中途退職した場合、原則として60歳にな

るまでは中途引き出しはできません。前勤務先で加入していた企業型確定拠出年金にそのまま加入し続けることはできませんから、6カ月以内にその資産を別の運営管理機関（生命保険会社等）に移し換える必要があります。これを移換（ポータビリティー）といいます。

　新たに勤務する会社が企業型確定拠出年金を採用していれば、その資産をそのまま移換することが可能ですが、そうでない場合は、以下の2種類から選択をすることになります。

①移換した後、これまで積み立てた資産を運用していく方法
②移換した後、個人型確定拠出年金に再加入して、これまで積み立てた資産と新たに拠出する掛金の双方を運用する方法

　①は、これまで積み立てた資産をより大きく増やすための運用商品の選択（運用の指図）のみを行っていく方法です。②は、①に加えて個人型確定拠出年金に加入し直す方法です。金融機関の取り扱いとしては、②の方法が中心になると思われます。確定拠出年金に再加入する際には移換の手続きも忘れないようにしましょう。

　以上、移換に伴う手続きについてご紹介してきましたが、金融機関としては自動移換に関する知識についても知っておく必要があります。

（6）自動移換

　前述のように、確定拠出年金を採用している企業を中途退職した場合、移換すべき資産をそのままにしておくことはできませんから、原則として6カ月以内に移換の手続きを完了する必要があります。仮にこの手続きを期限までに完了しなかった場合にはどのような取り扱いになるのでしょうか。

　この場合、積み立てた資産は自動的に国民年金基金連合会に移換されます。以後、その資産は凍結され、管理に関する手数料がその資産から差し引かれることになります。移換の手続きを先延ばしにしていると積み立てた資産が徐々にではありますが、目減りすることになるのです。

　金融機関に対する自動移換についての問い合わせで最も多いものが、「前勤務先を中途退職後、就職活動をする手前、特に資産の移換手続き等を行わずにいたが、気づいたら6カ月が経過し、国民年金基金連合会へ自動移換されていた。し

かも管理手数料が差し引かれて資産が目減りしてしまったので、どうしたらよいか」と、いうものです。

この場合、脱退ができないのであれば、もう一度、資産を移換し直して資産の運用を図っていく方法か、移換後に個人型確定拠出年金に加入し直す方法を勧めることになりますが、再就職先等がはっきりしていないときには、現状のまま、国民年金基金連合会に管理を委ねたままになることも少なくありません。最終的には顧客自身に現在の収入状況を加味して判断してもらうしかないでしょう。

（7）設例の場合

企業型確定拠出年金制度を採用していない企業の従業員（国民年金の第2号被保険者）が、個人で確定拠出年金に加入するには、勤務先で厚生年金保険に加入していなければなりません。そのため、事業主に対して厚生年金保険の適用事業所であるかどうかなどの確認を求める必要が生じます。設例の書類はこの確認を行うためのものです。

事業主が確認を行い、従業員が個人型確定拠出年金に加入した後も、勤務先が厚生年金保険の適用事業所を脱退していないかなどの確認をするため、事業主は回答を年1回求められます。また、従業員が掛金の給与天引きを希望した際にはそれに伴う事務が増加することになりますが、福利厚生の一環として理解を得られるように助言を行い、事業主と従業員との橋渡しを行いましょう。地道な支援が長期的な取引につながるはずです。

活用のヒント

金融機関として新規加入を推進している場合を除いて、個人型確定拠出年金の手続きに関しては、移換に関する手続きが主な業務になるはずです。前勤務先にて企業型確定拠出年金に加入していた方が、厚生年金保険の適用事業所に再就職した際に、改めて個人型確定拠出年金へ加入する場合には、移換に関する基本的な知識を踏まえた上で、次のように説明しましょう。

・「個人型確定拠出年金は個人で加入する年金の一種ですね。前の会社で加入していた場合、そのまま加入し続けたほうがよいことがあるのです。」

- 「確定拠出年金は、原則として60歳になるまで加入し続けなければならない制度です。前の勤務先で加入していた場合、引き続き加入したほうよいことがあります。」

なお、水谷社長が新しく採用した従業員から渡された書類は、水谷水道が厚生年金保険に加入しているかどうかの確認のための書類なので、以下のように回答します。

- 「個人型確定拠出年金に加入する場合、厚生年金保険に加入している事業所に勤務しているかどうかで取り扱いが異なってきます。この書類は社長の会社が厚生年金保険に加入しているか確認するための用紙ですね。」

確定拠出年金の運営管理機関として登録された金融機関であれば、商品プランなどを積極的に推進していくことが可能ですが、受付事務の委託契約のみを締結している場合には、運営管理機関（生命保険会社等）への中継ぎを行い、手数料収入を得ることになります。

商品プランについて説明ができない場合を含め、個人型確定拠出年金のメリットについて尋ねられた際には、節税効果について次のように話を進めてみて下さい。

- 「掛金は全額所得控除、運用益は非課税、受け取りの際には年金ならば公的年金等控除、一時金ならば退職所得控除の対象になります。」
- 「掛金の拠出段階でも、年金や一時金の受け取り段階でも、節税効果が高いという特徴があります。」

従業員が個人型確定拠出年金への加入を希望している場合、事業主側の負担として、以下の2つが挙げられます。

① 年に1回、厚生年金保険の適用事業所であるかの確認に対する回答
② 従業員が給与天引きを希望した場合の事務負担の増加

厚生年金保険の適用事業所であるかの確認に対する回答については大きな負担にはなりませんから問題になることはないはずですが、給与天引きについては、当事者同士でよく話し合って決めてもらったほうがよいでしょう。

5. ねんきん定期便

Case

　大山石油(有)はフルサービス型のガソリンスタンドです。セルフサービス型のガソリンスタンドが増えるなか、洗車や車検などの給油以外のサービスにも力を入れ、生き残りを図っています。田中君が定期訪問をした際、事業を継いだ2代目の社長から、次のような質問を受けました。

この前ねんきん定期便が届いたんだけど見方がよくわからないんです

僕も50歳を過ぎて正直老後のことが気になるんですこの仕事もどうなるか分からないでしょ

大山石油さんなら大丈夫ですよ

できるだけのお手伝いはさせていただきますから

ありがとう

ただねんきん定期便の見方には詳しくないのでいったん確認させてください

鈴木さんからのアドバイス

田中:『大山さんを安心させたかったのですが、ねんきん定期便の見方については全く分かりませんでした。』

鈴木:『ねんきん定期便に記載されている年金額はあくまで現時点での参考額です。より正確な年金額を知りたいときには、年金事務所やねんきんネットで確認をするようにアドバイスしましょう。』

（1）「ねんきん定期便」

　平成19年12月から平成20年10月にかけて旧社会保険庁（現日本年金機構）が公的年金の加入記録の確認を目的に、その時点での全ての年金受給権者と加入者に送付したのが、「ねんきん定期便」の前身である「ねんきん特別便」です。

　その後、平成21年4月から、これまでの年金加入記録の確認と年金制度に対する理解を深めることを目的として、毎年誕生月（1日生まれの場合は誕生月の前月）に送付されるようになったのが、「ねんきん定期便」です。

　「ねんきん定期便」は圧着式のハガキ形式で、これまでの年金加入期間、年金見込み額、最近の厚生年金保険に関する記録（標準報酬月額・標準賞与額・保険料納付額）や国民年金に関する記録（保険料納付の状況）などが確認できます。

　これに対し、節目年齢（35、45、59歳）に送付される「ねんきん定期便」は封筒形式で、ハガキ形式に記載されている情報のほか、過去全ての厚生年金保険に関する記録（標準報酬月額・標準賞与額・保険料納付額）や国民年金に関する記録（保険料納付の状況）などが記載され、より詳細な確認ができるようになっています。

　なお、平成25年度からは特別支給の老齢厚生年金（報酬比例部分）の受給開始年齢が引き上げられたことに伴い、節目年齢の1つである58歳が59歳に変更されています。今後も実態に即した改良が行われていくでしょう。

　「ねんきん定期便」は50歳を境にして年金額の試算方法などに違いが生じますが、本書では、年金口座獲得の際に顧客から質問があった場合に備えて、50歳以上の方に送付されてくる「ねんきん定期便」について解説を進めます。

(2)「ねんきん定期便」（50歳以上の方）についての疑問

「ねんきん定期便」に関する疑問で、特に多いものをご紹介します。

①設例の場合

設例のように、「ねんきん定期便」の見方がよく分からないという質問を受けることがあります。

「ねんきん定期便」に記載された年金額は、現在の加入状況（給与等級）のまま60歳になるまで加入した場合の試算額です。役職離脱などにより60歳までに給与が下がる場合が多いので、特に注意が必要です。また、加給年金や振替加算は含んでいません。

「ねんきん定期便」の年金額はあくまで参考程度に留めるようにして下さい。

②厚生年金基金に入っていた場合

ねんきん定期便に関する質問で意外に多いのが、「長い間、厚生年金（保険）に加入してきたのに、あまりに年金額が少ないのはなぜ？」というものです。

このような場合には、厚生年金基金の加入の有無を確認してみて下さい。ほとんどの場合、厚生年金基金の加入履歴があるはずです。

厚生年金基金とは、厚生年金の上乗せ給付として加入する企業年金の一種です。厚生年金基金では、基金としての上乗せ給付分の保険料のほかに、本体となる厚生年金保険料も基金で運用し加入者の将来に備えています。年金を支給する際には、基金の独自給付分のほかに、国から支給される厚生年金保険分も基金が代行し、まとめて支払います（代行部分）。

ただし、代行部分には、過去の給与の価値を現在の価値に換算した賃金の再評価分と物価の変動に応じた物価スライド分は含まれていません。そのため、国から、賃金の再評価分と物価スライド分のみを支給することになっています。「ねんきん定期便」の老齢厚生年金額の欄には、代行部分が差し引かれた上で、賃金の再評価分と物価スライド分のみが表示されるため、見かけ上の年金額が少なく感じるのです。

より正確な年金額を把握するためには、「ねんきん定期便」の見込額に厚生年金基金の見込額を合わせて考えなければなりません。

厚生年金基金の加入期間が長ければ長いほど、「ねんきん定期便」に記載された年金額を少なく感じるものです。適切なフォローで不安を取り除いて下さい。

なお、基金からの給付分については、各基金によって対応が異なりますので、ご本人から問い合わせていただくようにしましょう。

③65歳まで待ってから請求したい

「ねんきん定期便をみたら、厚生年金は65歳になるまで待ったほうが増えるようなので、今は請求しません。」特別支給の老齢厚生年金の受給権がある場合、このような誤解をする方がいます。

特別支給の老齢厚生年金とは、厚生年金保険の被保険者期間が1年以上あり、かつ年金の受給権を満たす者に限って、65歳になるより前に、特別に早く受給権が発生する年金のことです。特別支給の老齢厚生年金は65歳になるまでの有期年金であり、65歳に到達すると、（基本的に）国民年金の老齢基礎年金がプラスされることによって、本来の受給額になります。この増加分を繰下げ受給による増加分と勘違いされることが多いようです。特に昭和27年4月2日以後生まれの女性の場合、64歳から定額部分の支給が開始されることと相まって、請求を待つほどに年金額が増加する印象を持ってしまうようです。

特別支給の老齢厚生年金は通常に請求するのであれば、全く不利になることはありません。待っていれば年金が増える繰下げ支給のことではないことを伝え、請求につなげましょう。むしろ、請求を済ませておいたほうが年金の入金時期も早まり、生活設計も立てやすくなるものです。

年金給付を受ける権利（基本権）の時効は5年です。顧客の勘違いにより、本来受給できたはずの年金が減額されてしまうことがないように努めましょう。

④在職老齢に関する疑問

「60歳になっても働くから、ねんきん定期便の金額はあてにならないよね。」年金について自分で調べた経験がある方に多い質問です。

平成25年4月から改正高年齢者雇用安定法が施行されたのに伴い、在職老齢年金への関心も高まっています。「ねんきん定期便」に記載される老齢年金の見込額は、60歳で被保険者資格を喪失した場合の見込み額ですから、在職老齢年金の支給停止は考慮されていません。ただし、60歳以降の給与体系によっては年金が支給停止にならないこともありますし、社会保険に加入しない雇用形態（短時間のパートタイマーなど）であれば、はじめから支給停止の対象にはなりませんから、一概に言い切ることもできません。

金融機関としては、年金を満額受給するためだけに、給与を低下させたり社会保険の適用除外として働くことをアドバイスしたりすべきではありません。給与収入が減るデメリットや社会保険の適用除外になることによるデメリットも考えられるからです。「ねんきん定期便」に記載される見込額はあくまで参考に過ぎないことを伝え、あくまで客観的に、在職老齢年金や社会保険の適用除外について説明するとよいでしょう。今後の働き方はあくまでお客様自身に判断してもらうべきなのです。なお、在職老齢年金の試算については、「ねんきんネット」（(3)参照）の活用も考えられます。

（3）ねんきんネット

　自分の年金記録について専門家や年金事務所へ相談しようとしても、思ったように時間がとれないこともあるでしょうし、自分なりに条件を変更しながら、気に留めることなく年金見込額を試算したいこともあるでしょう。

　日本年金機構のホームページ（http://www.nenkin.go.jp）から「ねんきんネット」にアクセスすれば、24時間、いつでもパソコン上で最新の年金記録や年金見込額について確認することができます。

①「ねんきんネット」特徴

　「ねんきんネット」には、以下の特徴があります。

・24時間いつでも、毎月更新された年金記録を確認できる。
・在職老齢年金の試算など、働き方に応じた年金の見込み額を試算できる。
・毎月更新された「ねんきん定期便」を確認・ダウンロードできる。
・年金振込通知書や年金支払通知書など、年金の支払いに関する通知書を確認・ダウンロードできる。
・名前や生年月日などの情報を入力すると、持ち主不明の記録のなかに、自分の記録があるかどうか確認することができる。

②ねんきんネットの新規利用登録

　ねんきんネットの利用方法について、基本的な流れをご紹介します。

> ねんきんネットの利用登録には、基礎年金番号、メールアドレスが必要になります。あらかじめ準備しておきましょう。

⇩

> 日本年金機構のホームページ（http://www.nenkin.go.jp）上の「ねんきんネット」から「新規利用登録」を行います。

⇩

> この際、「ねんきん定期便」に記載されているアクセスキー（17ケタの番号）も必要になりますが、アクセスキーの有効期限（3カ月）が過ぎていても「新規利用登録」は可能です（ただし、利用開始までに日数がかかります）。

⇩

> アクセスキー、基礎年金番号、氏名、生年月日、メールアドレスなどの情報を入力して申し込みます。

⇩

> ユーザIDを取得後、日本年金機構のホームページ（http://www.nenkin.go.jp/）上の「ねんきんネット」からログインをして利用を開始します。

今や、パソコンは日常生活になくてはならないものになりました。今後は、「ねんきんネット」を利用した年金相談も必要になってくるかもしれません。

活用のヒント

　ねんきん定期便に記載された年金額はあくまで現時点での参考額であることを伝えた上で、ねんきんネットの活用を歓めるとよいでしょう。自分なりに年金額を試算することができるのできっと満足していただけるはずです。また、将来の年金額に不安を感じているようでしたら、個人年金保険などで補填する方法も考えられますので、この機会に次のように紹介してみるのもよいでしょう。

・「ねんきんネットに登録すれば、いつでも年金額の試算を行うことができますよ。」
・「ねんきんネットでは、働き方に応じたさまざまな試算を行うことができます。」

　ねんきん定期便に記載された年金額に関しての質問のなかに「思ったより年金額が少ない」といったものがあります。長年にわたり厚生年金保険料を納めてきたのになぜこんなにも年金額が少ないのだろうという疑問です。

　このようなときには、以下のように厚生年金基金の加入の有無を確認するようにして下さい。厚生年金基金の加入履歴がある場合、国から支給される老齢厚生年金は賃金の再評価分と物価スライド分のみです。その他の部分は厚生年金基金から支給されることになっています。そのため、見かけ上の年金額が少なく感じるのです。

・「厚生年金基金に加入していませんか。その場合、老齢厚生年金の額のほとんどが厚生年金基金から支給されます。」
・「厚生年金基金に加入していると、国から支給される老齢厚生年金は賃金の再評価分と物価スライド分だけになってしまいます。」

　なお、ねんきん定期便の年金額を確認する際には、たとえ厚生年金基金からの加入履歴があることが分かっていても、安易に「少ないですね」といった否定的な発言をしないように注意してください。思わぬ不信を招き、今後の取引に影響することがあります。

第6章

定年と再雇用

1. 高年齢者雇用安定法

Case

　(株)カネテックは半導体の製造を主な業務とした100人近い従業員を抱える会社です。事業は軌道に乗っているようにみえますが、不況を乗り切った経験上、日常業務におけるコストダウンに躍起になっています。顧問としていた社会保険労務士との契約も解除し、その分、金田社長は、出入りしている金融機関を最大限に利用しようとしているようです。

> 法律が変わって65歳になるまでは会社が従業員の面倒をみることになったじゃない？会社の負担は増える一方だよ

> 年金の支給開始年齢が上がることとも関係があるようですね

> 従業員の生活のことも考えなければならないし田中さんのところに借金も返さなければいけないしがんばりますよ

> でもよその会社もうちみたいにちゃんと65歳まで雇っているのかな？ほかの会社さんの対応を今度教えてよ

> **鈴木さんからのアドバイス**
>
> 田中：『65歳までの雇用確保措置について教えて下さい。なぜそのような制度ができたのか、いまひとつ理解できません。』
> 鈴木：『いよいよ雇用の延長が本格的になってきました。高年齢者雇用安定法について概略を理解しましょう。それを踏まえて金田社長には、まず高年齢者雇用安定法についてご説明するとよいでしょう。また、それぞれの企業の雇用確保措置はさまざまですが、継続雇用制度の導入をしている企業が多いようですので、それをご案内することもできます。』

（1）高年齢者雇用安定法について

　平成25年4月から改正高年齢者雇用安定法が施行され、原則として希望者全員を65歳まで雇用し続けることが義務化されました（経過措置あり）。

　ではなぜ、この時期に法律が改正されたのでしょうか。その理由を知るには特別支給の老齢厚生年金についての理解が重要になります。

〈特別支給の老齢厚生年金について〉

　元々、老齢厚生年金は60歳から支給されていましたが、昭和61年の年金制度改正により老齢厚生年金の支給開始年齢を65歳に引き上げることになりました。しかし、いきなり支給年齢を65歳とするわけにはいかず、徐々にその年齢を引き上げることで対応することになりました。これが特別支給の老齢厚生年金の実施の背景です。

　特別支給の老齢厚生年金とは、老齢年金の受給権を満たし、かつ厚生年金保険の被保険者期間が1年以上ある人に対して、65歳になる前に特別に早く受給権を発生させる年金で、一種の有期年金です。65歳から一生にわたり支給される終身年金としての老齢年金とは性質が異なります。この特別支給の老齢厚生年金は、段階的に支給開始年齢の引き上げが行われています。このため、60歳で離職するサラリーマンを中心に「年金空白期間」（111ページ〔図表28〕）が発生し、その間、無収入になるおそれが生じています。

　この「年金空白期間」への対応の一環として、高年齢者雇用安定法により、従

前から以下の（ア）〜（ウ）のうち、いずれかの措置の実施が義務づけられてきました。
（ア）　定年の引き上げ
（イ）　定年の定めの廃止
（ウ）　継続雇用制度の導入

　（ウ）継続雇用制度の導入については、従前までは、労使協定による基準を設けることにより、一定の「ふるい」にかける（一定の基準に達しない人は継続雇用をしない）ことができました。平成25年4月からはこの「ふるい」にかけることが禁止され、原則として希望者全員を65歳まで雇用し続ける必要が生じました。ただし、平成25年3月31日までに労使協定により継続雇用制度の対象者を限定する基準を定めていた事業主については、老齢厚生年金の報酬比例部分の支給開始年齢に合わせた12年間の経過措置があります。

　また、女性については5年遅れで、老齢厚生年金の支給開始年齢の引き上げが行われていますが、男女雇用機会均等法の観点から、男性と同じように雇用の確保をすることになっています。

　今回、継続雇用制度について改正が行われたということは、当制度の実施により雇用の確保を期待されているといえます。

（2）継続雇用制度関係

　高年齢者雇用安定法により企業には、定年の引き上げ、定年の定めの廃止、継続雇用制度の導入のうち、いずれかの措置の実施が義務づけられていますが、最も実施しやすいと考えられるのが、継続雇用制度の実施です。

　改正高年齢者雇用安定法には、継続雇用の雇用形態について特に制限がありません。つまり、高年齢者の安定した雇用を確保するという高年齢者雇用安定法の趣旨を踏まえつつ、労働基準法や最低賃金法などの各種法令や公序良俗に反しないものであれば、必ずしも正社員として継続雇用する必要はないことになります。60歳で定年した後に、嘱託職員やパートタイマーとして継続雇用をすることが可能なのです。

　この方法であれば、定年の引き上げや廃止をした場合に比べて、企業の負担を抑えつつ、労働者の就業の場も確保することができます。

とはいえ、企業の負担低減ばかりを考えてよいはずはありません。前述のような最低限のルールは守らなければなりませんから、労使ともによく話し合った上で、ワークライフバランスを考慮した就業環境を整えていくことが重要です。

高年齢雇用継続基本給付金や在職老齢年金の仕組みを理解しておけば、労働保険や社会保険を積極的に活用した継続雇用も可能になります。

活用のヒント

65歳までの雇用確保措置は法律で決められたことですので、設例のような質問を受けた場合、制度の概要を理解しておき、まずは一般論として返答しましょう。

- **「法律で決められたことでもあり、従業員のためにも、他の事業主の皆さんもしっかり対応されていると思います。」**

65歳までの雇用確保措置のなかでも、最もポピュラーなものが継続雇用制度の採用です。企業にとっても取り組みやすい制度ですが、一番よい制度であるとまではいい切れません。一般的な観点から次のように案内しましょう。

- **「嘱託やパートタイマーとして継続雇用する継続雇用制度の導入が多いようです。」**

なお、定年の引き上げや定年の廃止について積極的に取り組んでいる企業もありますが、企業としての体力、つまり、従業員にそれだけの給与を支払う財力が備わっていなければなりません。事業の継続のためにも、無理のない方法で雇用の継続に取り組む必要があることを付け加えましょう。

- **「企業としては、それぞれ実現可能な方法で65歳までの雇用を確保していると思います。」**

また、特別支給の老齢厚生年金の段階的支給引き上げに伴う『年金空白期間』の対応としても事業主の協力が不可欠であることに理解を得るのもよいでしょう。

- **「これからは、年金が受給できなくなる『年金空白期間』が生じてきますから、そのためにも事業主の協力が必要になると思います。」**

特別支給の老齢厚生年金の支給開始年齢の段階的引き上げに伴う『年金空白期間』の対応について、以下のようにさらに掘り下げて会話することができれば、

従業員の雇用確保についてより理解が得られやすくなるでしょう。
・「65歳までの雇用確保措置は、特別支給の老齢厚生年金の支給開始年齢の段階的引き上げと関係してきます。いわゆる『年金空白期間』が生じますから、この期間の収入確保のために、事業主の協力が必要になるわけです。」

　特別支給の老齢厚生年金の支給開始年齢の段階的引き上げは男女に差があり、女性は男性より5年遅れで実施されますが、65歳までの雇用確保措置については、男女雇用機会均等法の観点から、男女の差がなく行われます。このことを知っておくだけでも会話に弾みを持たせることができます。
・「老齢厚生年金の支給開始年齢の引き上げは、女性は男性より5年遅れて実施されますが、65歳までの雇用確保措置は同時に行われます。」

　なお、特別支給の退職共済年金については、男女の差がなく（男女同時に）支給年齢の段階的引き上げが開始されています。

　さらに、65歳までの雇用確保措置と老齢厚生年金の支給開始年齢の段階的引き上げについての知識を生かして、次のように、会社員のお客様に個人を対象とした民間の個人年金保険等の案内をしてみましょう。65歳までの収入確保のためには『年金空白期間』への対応が不可欠なのです。
・「65歳まで働く場合、今までは在職老齢年金として、老齢厚生年金を受け取ることもできました。これからは在職しているかいないかにかかわらず、老齢厚生年金を受給することができない『年金空白期間』が生じてきます。この期間への対応として、個人年金保険を検討されてみてはいかがでしょうか。」

　最近では、従業員の仕事とプライベートのバランス（ワークライフバランス）が論じられることが増えてきました。今後、「ワークライフバランス」という発想が、ますます重要になってくるでしょう。

　例えば、定年後に嘱託職員やパートタイマーとして働くことが話題になった場合に、事業主の負担軽減と、従業員の余暇の増加といった観点から、以下のように、労使双方のワークライフバランスについても触れてみることができます。
・「嘱託職員やパートタイマーとしての継続雇用制度は、労使双方のワークライフバランス改善のきっかけにもなると思います。」

第6章 定年と再雇用

2. 高年齢雇用継続給付

Case

営業推進部の鈴木さんは、各支店で獲得した年金請求の代行手続きを行っています。顧客への返却の前に年金事務所で出力した資格画面（年金額についての情報が記載された書類）を確認していたところ、ある点に気づきました。

こんにちは
田中君が獲得した石川さんの年金請求の書類を見せてもらったけどどうやら高年齢雇用継続給付制度が利用できるのに気づいていないようですね

高年齢雇用継続給付…年金ですか？

いいえ
雇用保険からの給付で年金ではありません

でも年金とも関係のある給付ですよ
労使双方にとってプラスになる制度ですからぜひ提案してみてください

私が担当している
玉川産業(株)の
従業員さんなんですが
玉川産業さんに
直接いうのは難しいので
石川さんにそれとなく
いってみます

鈴木さんからのアドバイス

田中：『ところで、高年齢雇用継続給付とは一体どういったものなのですか。』
鈴木：『ハローワークから支給される給付です。65歳までの継続雇用を見据えたこれからの時代、最も注目されるべき給付かもしれません。ぜひ知っておいて下さい。』

　定年後、継続雇用や再雇用を行う際には、従前より低い賃金で契約することがほとんどです。急激な賃金の低下は働く意欲を減退させ、失業に結びつく可能性があるとして、雇用保険を財源に給与の補填を行う制度があります。これが高年齢雇用継続給付です。高年齢者雇用安定法により、原則65歳までの継続雇用が義務化された今、最も注目すべき給付かもしれません。
　高年齢雇用継続給付には、高年齢雇用継続基本給付金と高年齢再就職給付金の2種類がありますが、本項目では高年齢者雇用安定法の施行に伴う継続雇用、あるいは再雇用対策の一環として高年齢雇用継続基本給付金を中心に話を進めます。

（1）高年齢雇用継続基本給付金

　高年齢雇用継続基本給付金とは、その名のとおり高年齢雇用継続給付の中でも基本となる給付です。原則として、雇用保険の被保険者期間が通算5年以上になる60歳以上65歳未満の一般被保険者が対象で、60歳になった時点の賃金と比べて75％未満に低下したときに支給されます。60歳になった直後に賃金が低下していなくても、それ以降、60歳になった時点の賃金と比べて賃金が低下した時点から支給対象になりますので、定年の段階的な延長にも対応した給付であるといえます。

> <支給額>
> 原則として、60歳以降に支払われた賃金（低下した賃金）の15％の額
> ただし、60歳到達時点からの賃金低下率に応じて支給調整されます。
> ・60歳以降の賃金が60歳到達時点の賃金の75％以上である場合
>   →支給されません。
> ・60歳以降の賃金が60歳到達時点の賃金の61％超75％未満である場合
>   →60歳以降に支払われた賃金の15％の額から一定率の減額をした額が支給されます。
> ・60歳以降の賃金が60歳到達時点の賃金の61％以下である場合
>   →60歳以降に支払われた賃金の15％の額が支給されます。

　60歳になった時点の賃金とは、60歳に到達する前6カ月間の平均賃金（3カ月を超える期間ごとに支払われる賞与などは含めません）のことです。

　支給額が一定額以下になる場合、あるいは60歳以降に支払われた賃金の額が一定額以上の場合には支給されない、などの例外があります。

　高年齢雇用継続基本給付金の支給対象になる従業員が複数いる場合、その全ての人が対象となっていなければなりません。本制度の利用については事業主がしっかりと把握している必要があります。また、支給申請は原則として2カ月に1回、2カ月分をまとめて行いますので、毎月の給与に即、補填されるわけではないことに注意が必要です。

　高年齢雇用継続基本給付金は同じ会社に継続して雇用されている人ばかりではなく、失業給付（基本手当・再就職手当など）を受給することなく1年以内に再就職した人も支給対象者とすることができます。この場合、再就職の前後で雇用保険の被保険者期間が通算5年になれば条件を満たします。

　高年齢雇用継続基本給付金は、中高齢者を即戦力として中途採用した場合にも活用できる給付であるといえるでしょう。なお、失業給付を受給したことがある人を高年齢雇用継続基本給付金の支給対象者とするためには、失業給付を受給した後の被保険者期間が5年以上必要になります。ただし、基本手当を受給した場合でも早期に再就職をすれば、もう1つの高年齢雇用継続給付である高年齢再就職給付金を受給することができます。高年齢再就職給付金については（3）で詳

しくご紹介します。

（2）年金との併給調整

　高年齢雇用継続基本給付金を受給しながら、同時に在職老齢年金を受給することも多いはずです。この場合、年金の一部を支給停止することになっています。
　在職老齢年金を受給していることによる支給停止額は、60歳以降の厚生年金保険料を計算する際に用いる標準報酬月額の最大6％です。
　在職老齢年金との併給によって年金の一部を支給停止しなければならない場合には、今までは「老齢厚生年金受給権者支給停止事由該当届」に必要書類を添えて、年金事務所へ提出する必要がありましたが、平成25年10月以降に年金の受給権を取得した際には、この届出が不要になりました。高年齢雇用継続基本給付金と在職老齢年金との併給調整は、特別支給の老齢厚生年金の受給権者が対象です。短時間勤務のパートなどとして、社会保険の適用範囲外で働く場合には、高年齢雇用継続基本給付金を受給していたとしても年金は支給停止にはなりません。
　社会保険の適用範囲外で働く場合には、厚生年金保険料を計算する際に用いる標準報酬月額の発想自体がなくなり、計算の根拠もなくなるためです。

（3）高年齢再就職給付金

　高年齢雇用継続基本給付金は失業給付（基本手当や再就職手当など）を受給せずに再就職し、要件に該当すれば受給することが可能ですが、基本手当を受給した場合であっても、最長2年間、同様の給付を受けることが可能な場合があります。それがもう1つの高年齢雇用継続給付である、高年齢再就職給付金です。
　高年齢再就職給付金の支給条件は高年齢雇用継続基本給付金と同様ですが、高年齢再就職給付金はその名のとおり、高年齢者が再就職をした場合に支給されます。この場合の再就職とは、ハローワークで求職の申し込みを行い、基本手当を100日分以上残して安定した職業（1年を超える雇用）に就いて、60歳以上65歳未満の雇用保険の一般被保険者になることです。早期の再就職に対して支給される一種の支援金です。
　高年齢雇用継続基本給付金と同様に60歳以上65歳未満で、再就職後の賃金

が基本手当の基準となった賃金日額を30倍した額の75％未満に低下したときに支給されます。

> ＜支給額＞
> 高年齢雇用継続基本給付金と同額が以下の年数分支給されます。
> 所定給付日数を100日分以上残して再就職した場合・・・1年間
> 所定給付日数を200日分以上残して再就職した場合・・・2年間
> ※1　所定の年数までに65歳に達したときには、その月まで支給されます。
> ※2　再就職にあたり再就職手当を受給した場合には、高年齢再就職給付金は支給されません。

　高年齢雇用継続給付は、実は身近な給付なのですが、多くの事業所が、制度そのものについて知識がないために活用できていません。事業の発展に寄与するためにも高年齢雇用継続給付について情報を発信することは非常に有効です。

活用のヒント

　金融機関としては、石川さんに高年齢雇用継続給付の制度が活用されていないことを伝えたがために、玉川産業との間に摩擦が生じることは避けたいものです。
　石川さんに対しては、「参考までに」という前提のもと、次のように客観的な情報として高年齢雇用継続給付の活用について伝えるようにしましょう。

・**「参考までに聞いて下さい。お客様は高年齢雇用継続基本給付金を受給できるようなのですが、今後、受給される予定はありますか。」**

　高年齢雇用継続給付は、まだまだ活用されていないことも多い給付であり、中規模の事業所であってもその利用が見過ごされていることがあります。年金請求を済ませた際に、お客様の情報から高年齢雇用継続基本給付金の支給条件を満たしていることが分かっても、会社がこの制度を利用していないため受給できないこともあり得るのです。
　事業主に対しては、雇用保険の有効活用という点から、高年齢雇用継続給付について次のように提案するとよいでしょう。

・**「雇用保険の高年齢雇用継続給付についてご存じですか。」**

- 「雇用保険の高年齢雇用継続給付をご利用されていますか。」

　制度の内容について質問された場合には、年金との調整について忘れずにコメントするようにして下さい。年金が減額されることについて誤解を招くことがあるからです。

- 「高年齢雇用継続給付を受給すると、年金の一部が支給停止されてしまいます。それでも、ほとんどの場合、高年齢雇用継続給付を受給したほうが収入を増やすことができます。」

　65歳までの雇用確保措置を行うにあたって、高年齢雇用継続給付を利用することは非常に有益です。65歳までの雇用確保措置が話題になったら、高年齢雇用継続給付についても触れておきましょう。

- 「65歳までの雇用確保措置として、継続雇用制度を採用されている場合には、高年齢雇用継続給付を利用するのが効果的です。」

　年金の代行請求をする際には、過去7年以内に基本手当を受給していたか、または今後、高年齢雇用継続給付を受給する予定があるかについて記入しなければなりません。本人の申告をもとに記入してもらうことになりますが、年金を請求する時点では、高年齢雇用継続給付の受給が決定していないことも多く、誤った記載をしてしまう方もいます。このようなミスを防止するためにも、お客様の雇用保険の状況については、できるだけ詳細に把握したいものです。年金請求時には、過去の職歴と今後の勤務形態から、基本手当受給の有無、高年齢雇用継続給付受給の可能性について以下のように確認するようにしましょう。

- 「過去7年以内に雇用保険に加入していたことはありますか。」
- 「過去7年以内にパートタイマーやアルバイトとして働いていた場合、社会保険には加入していなくても、雇用保険には加入していることがありますのでご注意下さい。」
- 「今後は嘱託として勤務するなど、雇用形態に変更はありませんか。」
- 「高年齢雇用継続給付の受給の予定はありませんか。まだ、お受け取りになっていない場合も含めて教えて下さい。」

第6章 定年と再雇用

3. 在職老齢年金

Case

　徳田メモリアル(株)は家族葬など小規模な葬儀を売りとした従業員10人程度の葬儀会社で、業績は比較的安定しているようです。田中君は訪問先の社長が年金受給年齢に達しているか調べるようにしています。もし、社長の年金請求を代行することができれば、従業員の年金請求も依頼しやすくなると思っていたからです。徳田社長にも年金請求の代行を提案してみました。

社長の年金の請求を代行させていただけないでしょうか

いいけど貰えるはずの年金が一部支給停止になるんじゃないのかい？

君の前の担当さんが調べてくれたんだよ　不安だなぁ…やっぱり請求やめるよ

お調べになったのですね

えぇ!?

141

鈴木さんからのアドバイス

田中：『ちょっと失敗してしまいましたが、在職老齢年金について教えてくれませんか。』
鈴木：『支給停止の仕組みですね。65歳を境に計算方法が異なってきます。しっかり理解して今後の年金請求の獲得に生かして下さい。』

　厚生年金保険の被保険者として働きながら（特別支給の）老齢厚生年金を受給する、これが在職老齢年金です。このとき、受け取る給与と賞与の額に応じて（特別支給の）老齢厚生年金の全部または一部が支給停止されることがあります。これが在職老齢年金の支給停止です。
　在職老齢年金の支給停止の仕組みは、65歳を境に2種類に分けることができます。

①60歳～64歳までの在職老齢年金

　60歳～64歳までの在職老齢年金では、総報酬月額※（給与＋過去1年分の賞与の1/12）と年金の月額（年金の1/12）を足した金額が28万円を超えた場合に、一定の金額が年金の月額から減額されます。
　ここで気をつけたいのは、過去1年分の賞与の影響です。60歳以降も継続雇用された際、給与は下がっているのに年金が全額支給停止になってしまうことがよくあります。
　この場合、59歳から60歳までに支給された賞与の影響で総報酬月額が高額になっていることがほとんどです。
　ただし今後は、60歳以降に継続雇用された際、賞与も減額あるいは支給されなくなることが多いなかで特別支給の老齢厚生年金の支給年齢も後ろ倒しされるのに伴い、この現象も減っていくものと思われます。

※　本項目では、総報酬月額について分かりやすくするために「給与＋過去1年分の賞与の1/12」と表記していますが、本来は給与及び賞与をもとに標準報酬月額及び標準賞与額を決定した上で年金額の計算を行います。お客様に対しては、給与をもとに大まかな説明を行ったほうが分かりやすいでしょう。

> ＜計算式＞
> 総報酬月額相当額＋年金の月額＞28万円
> →一定の金額を年金月額から減額して支給
> 総報酬月額相当額＋年金の月額≦28万円
> →支給停止されません（年金は全額支給）
> ※１　定額部分の支給がある場合、年金の月額は定額部分を含めて計算します。
> ※２　加給年金の支給がある場合、その金額は除いて年金の月額を計算します。

　高年齢雇用継続給付を受給している場合、最高で給与（正確には標準報酬月額）の6％が年金から減額されます。高年齢雇用継続給付を受給している場合には、年金は在職老齢年金の仕組みにより減額されるだけでなく、高年齢雇用継続給付の仕組みによっても減額されることになりますが、それでも高年齢雇用継続給付を受給したほうが有利になります。

②65歳以降の在職老齢年金

　65歳以降の在職老齢年金では、総報酬月額（給与＋過去1年分の賞与の1/12）と年金の月額（年金の1/12）を足した金額が46万円を超えた場合に、超えた金額の1/2が年金の月額から減額されます。

　ただし、65歳から支給される老齢基礎年金は支給停止の対象になっていません。老齢基礎年金は全国民共通の生活の土台となる基礎的な年金ですので、支給停止の対象にすべきではないからです。言い換えれば、65歳以降になれば在職老齢年金を受給していても、必ず老齢基礎年金は受け取れることになります。

> ＜計算式＞
> 総報酬月額相当額＋年金の月額＞46万円
> →超えた額の1/2を年金月額から減額して支給
> 総報酬月額相当額＋年金の月額≦46万円
> →支給停止されません（年金は全額支給）

　加給年金や振替加算の支給がある場合、その金額は除いて年金の月額を計算します。

　65歳以上になると高年齢雇用継続給付の支給はありませんので、高年齢雇用

継続給付と年金との減額調整はなくなります。

③在職老齢年金受給中の繰上げ請求

　60歳以降の収入減に対する不安から在職老齢年金を受給中にもかかわらず、老齢年金の繰上げ請求を希望される方がいます。

　在職老齢年金の支給停止の対象は老齢厚生年金のみで、老齢基礎年金は支給停止の対象にはなっていません。繰上げ受給した場合も同様なので、在職中の収入の補填として老齢基礎年金を繰上げ請求する方法も考えられます。また、65歳になるまでの間に失業をして雇用保険の基本手当を受給した場合、(特別支給の)老齢厚生年金はその全額が支給停止されてしまいますが、繰上げ受給した老齢基礎年金は支給停止されることがありません。従って、65歳になるまでの間は手元の収入を増やすことができます。一方で、老齢基礎年金の繰上げ請求とは65歳から受給する老齢基礎年金を生涯にわたって減額することと引き換えに65歳になる前に老齢基礎年金を受給することであり、1カ月受給を早めるごとに老齢基礎年金が0.5%（年6%）減額されて支給されます。

　65歳からの老齢基礎年金が仮に78万円だとすると、60歳から繰上げ受給した場合には、年額54万6,000円となり、年額23万4,000円が減額（78万円×0.5%×12カ月×5年間）されることになります。

　65歳以降も基本的に受給できる年金額には変わりはありませんから、年間23万4,000円減額されたとすると、本来の受給額に比べて、1カ月当たり1万9,500円の減収になります。

　この減収について多いと考えるか少ないと考えるかは本人次第なのですが、65歳以降に離職をした場合、減額された年金額を生涯にわたりほかの収入で補填することはたやすいことではありません。特に、在職老齢年金を受給中にもかかわらず、繰上げ請求をしようとする方は、はじめから年金以外に収入がない方に比べて、将来的な収入減に対する危機感が低いように思われます。

　最終的な判断は顧客に委ねるべきですが、金融機関としては後々のトラブル防止のために、まずは年金事務所等で試算をした上で対応するようにしましょう。その際に将来的な月収の減額についても試算をし、ライフプランについてのアドバイスを行うとよいでしょう。

④その他

在職老齢年金は、原則として老齢厚生年金を受給しているときのみ対象となります。遺族厚生・基礎年金や障害厚生・基礎年金を受給しているときには支給停止の対象にはなりません。これは、遺族や障害に関する給付には福祉的な意味合いがあるためです。別な見方をすれば、老齢厚生年金のほかに遺族厚生・基礎年金や障害厚生・基礎年金を受給できるのであれば、そちらを選択受給することも可能だということです。

活用のヒント

在職老齢年金を計算する際に、つい忘れがちなのが過去1年分の賞与の影響です。このことを忘れて計算をしてしまうと、本来は年金の一部、あるいは全額が支給停止されてしまうにもかかわらず、全額が受給できるといった誤算が生じることもあります。

在職老齢年金の仕組みについて説明をする際には、過去1年間に支給された賞与も支給停止額に影響してくることに注意しましょう。その上で、在職老齢年金の支給停止の仕組みについて、次のように大まかに説明できればよいでしょう。肝心なのは、年金の受給額について過剰に期待を持たれないようにすることです。

・「**大まかに説明しますと、給与と年金を12で割った月額を足した金額が28万円を超えると年金の全部または一部が支給停止されることになりますが、この給与には過去1年間に支払われた賞与を12分の1したものも含まれますので、ご注意下さい。**」

また、在職老齢年金による支給停止の仕組みについて、65歳以降も同じ仕組みで支給停止になると誤解されていることがあります。そのため、働いている限り年金は受給できないと思われてしまうのです。

65歳になると少なくとも基礎部分（国民年金相当分）の年金は受給することができますから、繰下げ請求する意向がない限り、どんなに給与が高くても、少なくとも老齢に関する年金は受給できるようになるのです。

在職老齢年金受給中にもかかわらず、受給額の少なさから繰上げ請求を希望される方がいます。このような場合は、離職後、生涯にわたって年金額が減少する

ことになる「長生きのリスク」について理解を得た上で、繰上げ受給額の試算をしてから、お客様の要望に応えるようにしましょう。次のような表現で、最終的な判断はお客様にゆだねるべきです。

・**「在職老齢年金受給中の繰上げ請求は、離職後の年金収入が生涯にわたって減少してしまうので、慎重にご検討下さい。」**

・**「よろしければ、一度試算をしてから繰上げの請求をされてはいかがでしょうか。」**

なお、繰上げ請求を行うにあたっては、繰上げをする当月発行の住民票等が必要になることがありますので、繰上げ請求することが決定した後は、速やかな請求が望まれます。

現在、年金を受給している人でも、ねんきんネットで将来の受給額の試算を行うことができます。在職老齢年金についての試算も行うことができますので、お客様がより詳細な確認を希望された場合には、次のようにねんきんネットでの試算を案内するのもよいでしょう。

・**「在職老齢年金については、ねんきんネットで試算することもできます。日本年金機構のホームページで確認してみて下さい。」**

第6章 定年と再雇用

4. 60歳以降の社会保険料

Case

　(株)板野プレスは大手自動車メーカーのボディ関係のプレス加工を行っています。海外の景気に左右されることが多いため、日頃からコストの削減に努めているようです。先日も板野社長が田中君にこんな疑問を投げかけてきました。

60歳以降も雇い続けるってことは社会保険料の負担もあるわけだろ？掛け損にはならないのかなぁ？

健康保険には入っておいたほうが安心できますよね

確かにそうだろうけどね　でも60歳以降の厚生年金保険料は年金には反映されないから厚生年金の保険料を支払っても意味がないんじゃないかな？

そう言われてみれば…

ちょっと確認してみますね

鈴木さんからのアドバイス

田中:『60歳以降の社会保険料と年金額の関係について教えて下さい。実は私も指摘されるまで全く気にしていませんでした。』

鈴木:『結論から言って、60歳以降の厚生年金保険料は年金に反映されますよ。板野社長に将来受け取る年金額が増えることを説明すれば、安心していただけるでしょう。』

　高年齢者雇用安定法により、原則として本人の希望があれば60歳以降も引き続き働くことができるようになりましたが、このとき納める厚生年金保険料が将来の年金額に反映されるのかを心配される方が多いのではないでしょうか。

　実際には、60歳以降に納付した厚生年金保険料も将来受け取る年金額に反映されます。原則として、厚生年金保険料の額に応じて報酬比例部分の老齢厚生年金が増加すると思っておけばよいでしょう。

　老齢厚生年金の額が改定される（増加する）タイミングには、「退職改定」「65歳時改定」「70歳時改定」の3種類があります。

①退職改定

　60歳以降に（中途）退職し厚生年金保険の資格を喪失した場合、再び厚生年金保険の被保険者の資格を取得することなく1カ月が経つと、60歳以降に納付した厚生年金保険料を含めて年金額が再計算されます。これを「退職改定」と呼び、再計算された老齢厚生年金は被保険者資格を喪失した月の翌月から支給されます。

②65歳時改定

　65歳になった時点で在職している場合、60歳以降に納めた厚生年金保険料の額を含めた額が再計算されます。これを「65歳時改定」と呼び、再計算された老齢厚生年金は65歳に達した翌月から支給されます。この場合、65歳以降の在職老齢年金の仕組みにより老齢厚生年金の額が支給調整されることがあります。

③70歳時改定

　70歳になった時点で在職している場合、65歳以降に納めた厚生年金保険料の

額を含めて年金額が再計算されます。これを「70歳時改定」と呼び、再計算された老齢厚生年金は70歳に達した翌月から支給されます。厚生年金保険の加入資格は70歳に達するまでですから、70歳以降に在職することがあっても、厚生年金保険料は労使ともに徴収されることはありません。ただし、65歳以降の在職老齢年金の仕組みは引き続き適用されるため、厚生年金保険に加入はしないものの、年金額が減額されてしまうということがあります。

60歳以降に納める雇用保険料についても厚生年金保険と同様、無駄になることはありません。

雇用保険の基本手当は60歳以降に失業した場合でも受給することができますが、最低限の条件として雇用保険に加入していなければ、基本手当の支給対象にすらなりません。雇用保険料という少額の投資を積み重ねることによって、失業に備えた大きな安心を得ることができるのです。

なお、保険年度の初日（4月1日時点）で満64歳以上になる一般被保険者の雇用保険料は労使ともに免除されることになっていますが、この場合でも、雇用保険の被保険者であることに変わりはありません。

活用のヒント

　事業主としては社会保険料の半額を負担しているわけですから、その保険料がどのように生かされているのか気になるのが当然です。この場合、健康保険料については理解を得られているようですが、次のように、厚生年金保険料についても無駄にはなっていないことを伝えましょう。

・「60歳以降に払い込んだ厚生年金保険料は65歳からの年金額に反映されますから、無駄になることはありません。」

　遺族厚生年金、障害厚生年金の支給要件の1つに「厚生年金保険の被保険者であること」があります。厚生年金保険料を納めていれば、老齢厚生年金のほかに、障害厚生年金、遺族厚生年金の支給もあり得る、ということになります。

　万一に備えた保険料という意味合いで、障害厚生年金、遺族厚生年金について以下のように伝えておくのもよいでしょう。その際には、障害厚生年金、遺族厚生年金ともに、支給要件は複雑ですので（特に障害厚生年金には、初診日要件があるため）、必ず受給できるという印象を与えないことが重要です。

・「厚生年金保険料は老齢厚生年金に反映される以外にも、従業員の方に万一のことが起きた場合に、障害厚生年金や遺族厚生年金として生かされることもあります。」

・「障害厚生年金や遺族厚生年金の支給要件の1つに『厚生年金保険の被保険者であること』があります。必ずしも支給されるとは限りませんが、従業員の方に万一のことが起きた場合に備えて、厚生年金保険料を納めている面もあります。」

　さらに実務上、在職老齢年金の請求を済ませた個人からも同様の質問を受けることがあります。やはり、払い込んだ保険料が無駄にならないかどうか気になることが多いようです。このような場合には、退職時改定と65歳時改定について次のように説明してみましょう。

・「60歳以降に払い込んだ厚生年金保険料は、65歳までに退職された場合にはその翌月から、在職されたまま65歳になったときには65歳になった翌月から、年金額に反映されます。」

第6章 定年と再雇用

5. 厚生年金保険の特例

Case

内野リフォーム(株)では、一般的な住宅のリフォーム以外にも、ペットの室内飼いや太陽光発電などへの幅広い対応を行っています。

田中君が定期訪問した際のことです。従業員の年金について確認したいことがあると、内野社長に呼び止められました。

うちの従業員が年金がたくさん貰えるようにパートタイマーにしてくれないかと言ってきてね…

在職老齢年金の支給停止のことかもしれませんね

君のところの年金相談会に参加して「厚生年金保険を44年かけて社会保険をやめるといい」と言われたそうだよ

うちの支店が絡んでいるのか 社会保険をやめれば在職老齢年金の支給停止の影響は受けなくなるけど…でも44年？

そうでしたか 当日は専門の社会保険労務士の先生が対応していまして…

ともかくよく分からないからどういうことなのか分かりやすく教えてくれないか

151

| 鈴木さんからのアドバイス |

田中：『44年で厚生年金保険をやめるとはどういうことですか？』
鈴木：『厚生年金の44年特例のことですね。これからの時代に活用しがいのある、労使双方にとって非常に有意義な制度なのですよ。』

（1）老齢厚生年金の長期加入者の特例（44年特例）
①老齢厚生年金の長期加入者の特例（44年特例）の概要

　長期加入者の特例（44年特例）とは、昭和16年4月2日以後生まれで厚生年金保険の被保険者期間が528月（44年）以上ある人が、65歳になる前までに受給要件を満たして退職（被保険者の資格を喪失）すれば、報酬比例部分に定額部分・加給年金額を合わせた年金額を受給できるようになるというものです〔図表29〕。

　もともとこの特例は、中学卒業後から60歳の定年まで一貫して働き続けてきた人へのねぎらいの意味を込めて、退職後すぐに満額の年金を受給できるようにするためのものでしたが、現在では違った意味でも利用されています。

　通常、昭和24年4月2日以後（女性は昭和29年4月2日以後）生まれの人には老齢厚生年金の定額部分は支給されませんが、44年特例を利用することにより、定額部分も受給し年金額を増やすことができるようになります。また、加給年金は定額部分の支給開始に合わせて加算されますので、条件に該当する配偶者がいればさらに年金額を増やすことができます。

②厚生年金保険での退職の意味とその活用

　年金額が増えるならば、44年特例に該当した後に、あえて退職することを選択しセカンドライフの前倒しをしようとする人も多いはずです。ライフプランの提案としてはこれだけでも意義がありますが、労使ともに65歳までの雇用を目指しながらこの特例を活用しようという、より積極的な方法もあります。

　厚生年金保険法上の「退職」とは、正確には厚生年金保険の被保険者資格を喪失することです。厚生年金保険の被保険者でなくなれば、引き続き厚生年金保険の適用事業所に勤務していても、在職老齢年金による支給停止の影響は受けませ

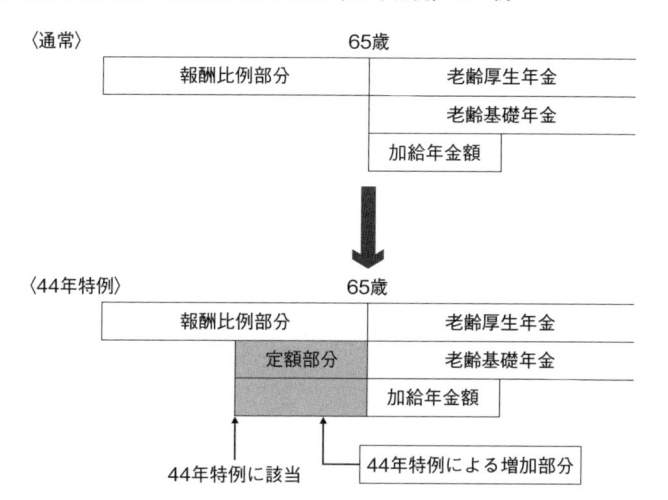

〔図表29〕老齢厚生年金の長期加入者の特例（44年特例）の一例

〈通常〉　65歳
報酬比例部分	老齢厚生年金
	老齢基礎年金
	加給年金額

〈44年特例〉　65歳
報酬比例部分	老齢厚生年金
定額部分	老齢基礎年金
	加給年金額

44年特例に該当　　44年特例による増加部分

ん。また、雇用保険の高年齢雇用継続基本給付金を受給していても、年金が減額されることもありません。つまり、44年特例に該当後、パート勤務や週に数日の勤務にするなど厚生年金保険の被保険者資格を喪失した上で継続勤務をすれば、在職老齢年金による支給停止の影響は受けないことになります。

　被雇用者の立場からすれば、65歳からの年金額を先取りしつつ、ワークライフバランスの改善もすることができます。事業主の立場からすれば、社会保険料の負担軽減が見込まれ、なおかつ、減らした勤務時間を同じような立場にある他の労働者に割り当てれば、ワークシェアリングの効果も期待できます。

　高年齢者雇用安定法により原則65歳までの継続雇用が義務化された現在において、非常に有効な制度といえます。

③44年特例の注意点

　44年特例を利用するにあたっては、以下のような点に注意して下さい。

・1カ月でも早く退職（被保険者の資格を喪失）してしまうと、この特例は利用できません。仮に3月31日に退職をしたとすると、被保険者資格は翌月の4月1日に喪失することになりますが、3月30日に退職をしてしまうと、被保険者資格の喪失は同月の3月31日になってしまいます。厚生年金保険の被保険

者資格は資格を喪失した日の前月まで数えることになりますので、3月31日に退職した場合は3月分までが、3月30日に退職した場合は2月分までが被保険者期間としてカウントされます。たった1日の違いで厚生年金保険の被保険者期間が43年11月になり、44年特例が利用できないこともあり得るのです。

・報酬比例部分の支給が段階的に引き上げられる昭和28年4月2日〜昭和36年4月1日（女性は昭和33年4月2日〜昭和41年4月1日）生まれの人に対しては、あくまで定額部分は報酬比例部分の支給に合わせて支給されることを説明したほうがよいでしょう。報酬比例部分の支給が始まらない、つまり年金の支給が始まらない年齢なのに、44年特例に該当すれば即、年金が受給できると誤解される恐れがあります。また、年金の支給開始そのものが65歳からになる昭和36年4月2日（女性は昭和41年4月2日）以後生まれの人には、この特例を適用する余地はありません。

・44年特例に該当した後、厚生年金保険の被保険者として他の勤務先へ再就職すると、定額部分は支給停止されます。

・老齢基礎年金の繰上げ請求をすると、この特例は使えなくなります。

（2）厚生年金保険の障害者特例

①老齢厚生年金の障害者特例の概要

44年特例と同じように定額部分・加給年金の前倒し受給ができる特例があります。それが厚生年金保険の障害者特例です。

障害者特例とは、昭和16年4月2日〜昭和36年4月1日（女性は昭和21年4月2日〜昭和41年4月1日）生まれで、厚生年金保険法に定める障害等級3級に該当する人が、特別支給の老齢厚生年金を受給する際に厚生年金保険の被保険者資格を喪失していた場合、報酬比例部分が支給される年齢から定額部分・加給年金も併せて支給される特例です。

障害者特例は障害厚生年金の受給権がなくても請求が可能です。通常、障害厚生年金を受給するには初診日が厚生年金保険の被保険者期間中である必要があります。そのため、障害等級3級以上に該当するものの、初診日がそれ以前だったために障害厚生年金を受給できないこともあり得ます。そのような人でも現在、障害等級3級以上であることを証明できれば、障害者特例の老齢厚生年金を請求

することができます。
②障害者特例の注意点
障害者特例を利用するにあたっては、以下のような点に注意して下さい。
- 44年特例は条件に該当すれば自動的に支給対象になりますが（書類の提出は必要）、障害者特例を利用するには障害等級3級以上である旨の自己申告をしなければなりません。障害の状態は本人でなければ把握しにくいからです。また、原則として請求をした月の翌月分から支給対象になり、遡って支給されることはありません（障害年金受給者に関しては、原則として障害状態にあると判断されたときまで遡って支給されます）。
- 特別支給の老齢厚生年金を請求した後に、障害等級3級以上に該当した場合でも、障害者特例の請求は可能です。
- 老齢基礎年金の繰上げ請求をするとこの特例は使えなくなります。

活用のヒント

65歳までの雇用確保措置について非常に有効な提案となるのが厚生年金保険の44年特例です。事業主にとっては、この特例を活用することで、労使ともに納得のいく形で「ワークライフバランス」や「ワークシェアリング」を実現できる可能性があります。特例の概要についてよく理解をした上で、次のように積極的に活用を提案してみましょう。

- 「厚生年金保険の被保険者期間が44年以上ある方を対象に、65歳以前に満額近い年金額を受給できる制度があります。」
- 「労使双方のワークライフバランスを見直す方法として、厚生年金保険の44年特例が利用できますよ。」
- 「44年特例を活用すれば、ワークシェアリングが実現しやすくなります。」

障害者特例についても、併せて以下のように提案しておくとよいでしょう。事業規模によっては障害者の雇用が義務化されていますので、障害者特例を活用する機会も増えてくるのではないでしょうか。

- 「44年特例と同じような特例として障害者特例という制度もあります。」

6. 加給年金と振替加算

Case

　田中君が(株)カネテックを定期訪問した際のことです。ここぞとばかりに金田社長の質問攻めが始まりました。

金田社長: うちの女性社員が勤務期間を19年11ヵ月になるようにして辞めさせて欲しいと言ってきたんだがこれはなぜだか分かるかい？

田中君: 一体何のことだか分かりません

金田社長: 年金と関係があるらしいんだがいまいちよく分からないんだよね

田中君: 本部に詳しい者がいますので確認しておきます

鈴木さんからのアドバイス

田中：『いつもの金田社長からなのですが、その従業員はなぜ「勤務期間が19年11カ月になるようにして辞めさせて欲しい」と希望したのでしょうか。』
鈴木：『勤務年数が20年になる前に退職ですか。加給年金と振替加算を考えてのことですね。』

　公的年金制度の特徴の1つとして、夫が働きに出て妻が家庭を守るという古くからの一般家庭をモデルにしていることが挙げられますが、夫婦の就業体系が複雑な現在においても、その特徴は引き継がれているといってよいでしょう。
　大まかにみて公的年金は、自営業者を対象にした国民年金、サラリーマンを対象にした厚生年金という図式で成り立っています。
　サラリーマン家庭を対象にした老齢厚生年金には、全ての国民にとって基礎となるべき老齢基礎年金（65歳になる前には定額部分と呼ばれます）や、現役時代の給与に相当する報酬比例部分のほかに、家族手当に相当する加給年金とそれに伴う配偶者振替加算の制度が存在します。

（1）加給年金

　加給年金とは、厚生年金保険に長期（原則として20年以上）加入した人が、年金を受給し定額部分（国民年金相当部分）の支給が開始されたときにプラスされる家族手当です。加給年金の支給開始時点で、対象となる家族の生計を維持している必要があります。対象となる家族は、配偶者または子で、それぞれに対して詳細な条件があります。

①加給年金の対象となる配偶者

　加給年金の対象となる配偶者とは、厚生年金の受給権者によって生計を維持されている65歳未満の配偶者（年収850万円未満）です。
　年金でいう生計維持の基準は一般的な扶養の基準より大きく捉えられています。対象となる配偶者の年収が850万円以上になることはめったになく、条件に該当すればほとんどの人に加給年金が支給されるよう配慮された基準です。ま

た、現在、年収が850万円以上あっても5年以内に年収が下がることが証明できれば加給年金の対象者になることがあります。

老齢厚生年金の請求の際に、戸籍謄本、世帯全体の住民票、配偶者の（非）課税証明書の提出を求められることがありますが、配偶者の加給年金が加算される場合に必要になることがほとんどです。戸籍謄本により夫婦の婚姻日の確認、世帯全体の住民票により夫婦として同じ屋根の下に住んでいることの確認、配偶者の（非）課税証明書により配偶者の生計維持関係（年収）の確認を行います。なお、これらの書類によって証明できない事実婚、単身赴任による別居、現在の年収（850万円以上）が将来的（5年以内）に850万円未満になる場合などについては、その旨の証明をすることによって加給年金を加算できる場合があります。

②配偶者がいることによる加給年金の額

配偶者がいることによる加給年金の額には、受給権者（配偶者ではありません）の生年月日に応じた特別加算額がプラスされているため、受給権者の生年月日により変わります。

③配偶者がいることによる加給年金の支給がされなくなる基準

以下のような条件に該当した場合などには、厚生年金にプラスされていた加給年金は支給されなくなります。

- 配偶者が65歳に達したとき
- 配偶者との生計維持の関係がなくなったとき
- 配偶者と離婚したとき
- 配偶者が20年以上加入の老齢厚生年金または老齢共済年金を受給するとき
- 配偶者が障害年金を受給するとき
- 配偶者が死亡したとき

なお、配偶者が老齢年金を繰上げ受給した場合でも、加給年金は支給されます。

配偶者がいることによる加給年金は、夫が働きに出て妻が家庭を守るという一般的なサラリーマン家庭が対象になることが多く、夫の年金にプラスされることがほとんどでした。しかし、夫婦の就業体系が複雑になった現在では、夫と妻の厚生年金保険加入期間が逆になり、妻の年金に加給年金がプラスされることも十

分にあり得ますので注意して下さい。

④加給年金の対象となる子

　加給年金は家族手当ですので、子がいる場合にも支給されます。この場合の子とは、18歳到達後の年度末（高校卒業）まで、あるいは20歳未満で国民年金の障害等級1～2級までで、現に婚姻をしていない子のことを表します。

⑤子がいることによる加給年金の額

　子がいることによる加給年金の額は、子の人数により変わります。

⑥子がいることによる加給年金の支給がされなくなる基準

　以下のような条件に該当した場合などには、厚生年金にプラスされていた加給年金は支給されなくなります。

・子が高校を卒業したとき（18歳到達後の年度末に達したとき）
・障害状態の子が20歳に達したとき
・子が結婚したとき

　配偶者がいることによる加給年金と子がいることによる加給年金は、それぞれの条件に該当すれば併せて支給されます。

　子がいることによる加給年金は、夫婦の年齢を考えると該当することは少ないのですが、知識として知っておいて下さい。

　繰り返しになりますが、加給年金は配偶者または子に対して支給されるのではなく、厚生年金の受給権者に対して家族手当として支給されることに注意して下さい。この解釈を間違えると次項に示す振替加算の理解ができなくなります。

（2）配偶者振替加算

　配偶者がいることによる加給年金は、対象となる配偶者が65歳になると支給されなくなります。配偶者が65歳になり、自分の老齢基礎年金を受給できるようになれば家族手当を加算する必要はないからです。その代わりに家族手当として加算されていた加給年金の一部が配偶者の老齢基礎年金に振り替えられて加算されることになっています。これが配偶者振替加算です。

　振替加算は昭和61年4月1日までに既に20歳に達している人が対象です。これは、国民年金保険料の納付義務が課された昭和61年4月1日から60歳にな

るまでの全ての期間、納付を続けたとしても40年分の納付義務期間を満たすことができず、国民年金の受給額が減ってしまう人を救済するための措置であるからです。言い方を変えれば、昭和41年4月2日以後生まれの人は、国民年金保険料の納付義務が課された日より後に20歳（61－41＝20）になりますから、特に救済する必要がないことになります。

（3）設例の場合

　就業体系が複雑になった現在では、夫婦共稼ぎの家庭も珍しくありません。そのため、妻の厚生年金保険加入期間が20年近くになりこともあります。

　原則として、夫婦共に厚生年金保険加入期間が20年以上になると、配偶者がいることによる加給年金は夫婦共に支給されず、その後の配偶者振替加算も加算されることはありません。妻が19年11カ月で厚生年金保険の被保険者資格を喪失するか、そのまま厚生年金保険に加入し続けるかどうかは意外に大きな問題なのです。

　この場合、社会保険の適用除外の範囲のパートタイマーなどで勤務し続けることも可能ですが、特に女性の場合、無理をして就業するよりも退職する道を選ぶ方が多いようです。

　金融機関としては加給年金、振替加算の知識を踏まえた上で、本人の意思を尊重した対応をすべきでしょう。厚生年金保険の被保険者期間が20年以上になってしまうと、取り返しがつかなくなります。

活用のヒント

　設例のように退職時期を細かく相談してくるのは、老齢厚生年金の配偶者振替加算を加算するための申し出だということを分かりやすく伝えましょう。

・**「厚生年金保険には配偶者振替加算という加算金がつく制度があるのですが、加算される条件の1つとして厚生年金保険の被保険者期間が20年未満である必要があるのです。勤務期間19年11カ月で退職というのは、この期間を目一杯利用しようということです。」**

　加給年金の加算条件の中に、中高齢の特例というものがあります。男性は40歳、女性は35歳以降の厚生年金保険の加入期間が次の期間以上である場合に、本人に加給年金が加算されるものです。

```
＜男性40歳、女性35歳以降の加入期間＞
昭和22年4月1日以前　・・・・・・・・・・・・・・・15年
昭和22年4月2日～昭和23年4月1日・・・・・・・・・16年
昭和23年4月2日～昭和24年4月1日・・・・・・・・・17年
昭和24年4月2日～昭和25年4月1日・・・・・・・・・18年
昭和25年4月2日～昭和26年4月1日・・・・・・・・・19年
```

　厚生年金保険の被保険者期間が20年に満たなくても加給年金が支給される特例ですが、配偶者振替加算の支給にも影響してくることがありますので、注意が必要です。

　金融機関としては、配偶者振替加算を加算するために退職（あるいは社会保険の資格を喪失）するように案内することは避けて下さい。お客様から問い合わせがあった場合に備えた知識として、知っておきましょう。

　なお、年金の試算を行った際にその可能性について説明しておくことは、お客様の生活設計の参考になります。状況に応じて概要について次のように説明しておいたほうがよいこともあるでしょう。

・**「お客様の場合、厚生年金保険の被保険者期間が長くなると、配偶者振替加算が支給されなくなることがあります。一度、私どもの年金相談会に参加されてみてはいかがでしょうか。」**

7. 60歳での退職

Case

　田中君は駒沢金属(株)を訪問した際、年金口座の獲得のため数カ月後に60歳を迎える従業員の森さんに営業を行いました。すると森さんから相談を受けました。

実は会社を辞めようと思っています
ある程度の蓄えもあるし妻とゆっくりしようと思いまして…

優雅なセカンドライフの前倒しですね

そんなことありませんよ
妻の国民年金保険料も負担しないといけないし

健康保険と国民健康保険は会社を辞めた後でも好きなほうを選べると聞きましたが本当ですか？

え？
そうなの!?

申し訳ございません
次回お伺いのときまでに確認しておきます

鈴木さんからのアドバイス

田中:『鈴木さん、一般的なサラリーマン家庭の年金請求については案内ができるようになってきたのですが、細かい話をされるとまだまだみたいです。』

鈴木:『そんなことはありません。金融マンとして十分だと思いますよ。国民年金の切り替えについて理解しているだけでも立派だと思います。その上で、健康保険の任意継続被保険者制度について知っておけば、退職時のよいアドバイスになりますよ。』

一般的なサラリーマン家庭では、夫の退職に伴い社会保険上、いくつかの手続きが必要になります。これらの手続きをうっかり忘れると、無保険者状態になってしまいますので注意して下さい。

以下、夫は厚生年金保険の被保険者であり健康保険にも加入中、妻は夫の扶養に入っている家庭を前提として解説を進めます。

(1) 妻の国民年金の切り替え

厚生年金保険の被保険者(国民年金の第2号被保険者)である夫に扶養されている20歳以上60歳未満の妻(年収130万円未満)は国民年金の第3号被保険者になります。この場合の妻は別途、国民年金保険料を納付する必要はありません。夫が加入している厚生年金保険制度全体から財源を拠出して妻の国民年金保険料を負担しているからです。

夫が退職すると妻は国民年金の第3号被保険者ではなくなります。このとき、妻が60歳未満であれば、原則として国民年金の第1号被保険者として制度に再加入し、保険料を納付しなければなりません。この第3号被保険者から第1号被保険者への切り替えをうっかり忘れて国民年金が未納になっていることが稀にあります。第1号被保険者への切り替えは市役所等で行うことができますので、速やかな対応が望まれます。

（2）付加年金

国民年金の第1号被保険者が年金を増額する方法の1つに付加年金の制度があります。

付加年金とは、月400円の付加保険料を納付すると、老齢基礎年金にプラスして付加年金を受給できる制度です。

付加年金の額は、「1年につき200円×付加保険料を納付した月数分」です。

> ＜付加保険料を1年間（12カ月）納付した場合＞
> 400円×付加保険料の納付月数（12カ月）＝年4,800円の納付
> 200円×付加保険料の納付月数（12カ月）＝年2,400円の受給

保険料を4,800円納付すると、1年間に2,400円を受給できます。よって2年間で4,800円となり、3年目からは納付した付加保険料を上回る金額を受給できることになります。

なお、国民年金基金に加入していたり、保険料の免除を受けていたりすると、この制度を利用することはできませんが、65歳未満の任意加入被保険者でも付加保険料を納めることができます。また、老齢年金のように物価スライドの影響を受けないため、物価の上昇に対応できないことがありますが、保険料が低額のため、その分リスクも低いといえます。

国民年金の第3号被保険者から第1号被保険者に種別を変更することになった際に、この制度について紹介すると、非常に喜ばれます。

（3）健康保険の任意継続被保険者

退職した夫は健康保険の資格も失いますので、国民健康保険に加入し直さなければなりませんが、状況によっては、引き続き2年間まで健康保険に加入し続けることができる任意継続被保険者となることも可能です。

健康保険の任意継続被保険者とは、一定の要件を満たしていれば退職後も引き続き健康保険の被保険者の資格を継続できる制度です。

①任意継続被保険者の要件

任意継続被保険者となるには、以下の要件を満たさなければなりません。

・資格喪失日の前日（退職日）まで継続して2カ月以上健康保険の被保険者であっ

たこと
・資格喪失日（退職日の翌日）から20日以内に任意継続被保険者となる申請をすること

②**被保険者期間**

　任意継続被保険者となった日から2年間、引き続き健康保険に加入することができます。ただし、途中で脱退することはできません。

③**保険料**

　退職時の標準報酬月額をもとに算定された保険料か、別途健康保険組合ごとに定められた標準報酬月額等をもとに算定された保険料のいずれか低いほうの額を納付します。ただし在職中とは異なり、会社側が負担していた保険料も含めて全額を自己負担しなければなりませんが、多くの場合、国民健康保険に加入するよりも保険料を抑えられます。

　国民健康保険は前年（1月〜12月）の所得をベースに保険料を算出します。そのため、退職直後に国民健康保険に加入すると前年の給与がそのまま今後の保険料に反映され、負担が大きくなりがちです。任意継続被保険者として健康保険に加入し続け、所得が下がった後に国民健康保険に加入すれば保険料の負担を抑えることができるようになります。これが任意継続被保険者を選ぶ大きなメリットです。

　ただし、状況によっては任意継続被保険者としての健康保険料よりも国民健康保険料のほうが低額になることもあり得ますので注意して下さい。

④**資格の喪失**

　以下の場合などには資格を喪失します。

・任意継続被保険者となった日から2年が経ったとき
・保険料を納付期日までに納付しなかったとき
---

⑤**任意継続被保険者の保険給付**

　任意継続被保険者は、在職中の被保険者と同様の給付を受給することができます。ただし、原則として傷病手当金・出産手当金は支給されません。

⑥**被扶養者の取り扱い**

　夫が任意継続被保険者になった場合、原則として妻の年収が130万円未満（60

歳以上は180万円未満)、かつ、夫の年収の1/2未満であれば扶養に入る要件を満たしますが、詳細については各健康保険組合に問い合わせるようにして下さい。

健康保険の被扶養者は健康保険組合ごとに互いの家族を支えあおうという発想から、別途保険料を徴収されることはありません。夫が任意継続被保険者になった場合も同様ですので、この点でも保険料の負担を抑えることができます。

活用のヒント

年金請求のお手伝いをさせていただく際に、退職する際の健康保険の取り扱いについて質問を受けることがあります。その多くは、任意継続被保険者の取り扱いについての質問です。

ほとんどの場合、国民健康保険に加入するよりも任意継続被保険者として健康保険に加入し続けたほうが有利になります。

なお、どちらを選択したほうが有利なのかはっきりしない場合には、それぞれ加入していた健康保険組合、市役所等で試算してもらうことが可能ですので、問い合わせてみるのもよいでしょう。

・**「健康保険に任意継続被保険者として加入するかどうかということですね。保険料は今までよりも増えてしまいますが、それでも多くの場合、国民健康保険に加入するよりは保険料を抑えることができるようですよ。」**
・**「国民健康保険の保険料は前年の所得等から算出しますので、退職前の所得が多いと保険料も増えることになります。」**

なお、任意継続被保険者になるためには、原則として資格の喪失日から20日以内に行わなければなりません。加入を検討している際には、次のように早期の手続きをお勧めしましょう。

・**「任意継続被保険者になるには、退職の翌日から20日以内の手続きが必要になりますから、早めに手続きをして下さい。」**

退職にあたって、妻の国民年金を第3号被保険者から第1号被保険者に切り替えなければならないにもかかわらず、その届出を忘れていることがあります。第1号被保険者への種別変更の届出は自ら市役所等で行わなければなりません。国民年金の加入は60歳になるまでは義務であり、将来の年金額の増加にもつな

がることですから、忘れることがないように次のように案内をしておきましょう。

- 「奥様の国民年金の種別を第1号被保険者に切り替える手続きはお済みでしょうか。」

　国民年金の種別を第1号被保険者に切り替えた際や、任意継続被保険者として加入する際に、以下のように付加年金について案内をすると非常に喜ばれます。負担額も少なく2年で元がとれる制度ですので、案内する側のリスクも少なくて済みます。ただし、国民年金基金に加入していると納付ができないことには注意して下さい。

- 「月々400円の負担で済む付加年金をご存知ですか。」
- 「付加年金は2年間で元がとれる計算になります。」
- 「付加年金は、国民年金基金に加入していると納付することはできません。」

8. 失業（基本）手当と高年齢求職者給付金

Case

　田中君が前回の質問への回答を用意して(株)カネテックを訪問した際のことです。また金田社長が宿題を用意していたのでした。

田中さん
もう1つ教えてくれる？
もうすぐ65歳になって会社を辞める予定の社員が「ハローワークから貰える手当があるから1ヵ月早く辞めさせてくれ」と言ってきたのだけれどどういうことか分かるかい？

1ヵ月…？
雇用保険の関係だと思いますが念のため確認させてください

よろしく頼むよ
営業推進部の鈴木さんに聞いてもらってもいいからね

了解しました
すぐにお答えできなくてすみません

鈴木さんからのアドバイス

田中:『鈴木さん、65歳になる1カ月前に会社を辞めるとは、どんな事情があると考えられますか？』

鈴木:『失業（基本）手当と高年齢求職者給付金の受給要件の違いのことだと思います。退職日がほんの少し違うだけで受給できる雇用保険に差が出ることがあるのです。』

改正高年齢者雇用安定法が施行され、原則として65歳までの雇用が義務化されています。雇用保険には65歳での失業に備えた高年齢求職者給付金の制度があります。

（1）高年齢求職者給付金

雇用保険の被保険者のうち、同一の事業主に65歳になる前から雇用されていて、65歳になった人は高年齢継続被保険者と呼ばれます。改正高年齢者雇用安定法により原則65歳までの雇用が義務化されたので、今後はこの高年齢継続被保険者が増加することになります。

64歳までの人が離職した場合にも基本手当を受給することが可能ですが、高年齢継続被保険者が離職し、失業したとみなされた場合には、基本手当の代わりに高年齢求職者給付金という一時金を受給することになります。

> ＜高年齢求職者給付金の受給額＞
> 以下が一時金として支給されます。
> 被保険者であった期間が1年未満・・・基本手当の30日分
> 被保険者であった期間が1年以上・・・基本手当の50日分

高年齢求職者給付金を受給するには、失業給付同様、ハローワークに求職の申し込みを行わなければなりません。高年齢求職者給付金を受給できる期間は原則として退職日の翌日から1年間ですが、求職の申し込みが遅れた場合、失業認定日から受給期限までの日数分に減額調整された上で一時金として支給されますの

で、注意が必要です。

また、定年退職や会社都合による解雇以外は自己都合の退職とみなされるため、3カ月の給付制限期間も発生しますから、この点にも注意が必要です。

高年齢求職者給付金は65歳になってからの給付ですが、65歳になる前に離職し、失業したとみなされた場合にはどのような取り扱いになるのでしょうか。

(2) 65歳直前の失業給付

雇用保険の被保険者が、必要な要件を満たした上で65歳以降に離職し失業したとみなされた場合、高年齢求職者給付金が支給されますが、65歳になる前に離職し失業したとみなされた場合には、基本手当が支給されます。つまり65歳を境に受給できる雇用保険からの給付に違いが生じることになります。

通常、基本手当を受給すると特別支給の老齢厚生年金の支給は停止されますが、実は、この調整は65歳になるまでのものなのです。基本手当を65歳以降に受給している場合、老齢年金と調整されることはなく、双方の給付を同時に受給できるようになります。そのため、65歳になる直前に離職し、再就職の意思がある(失業)とみなされれば、基本手当の所定給付日数を確保しつつ、老齢年金も受給できることになります〔図表30〕。

〔図表30〕高年齢求職者給付金と基本手当との比較

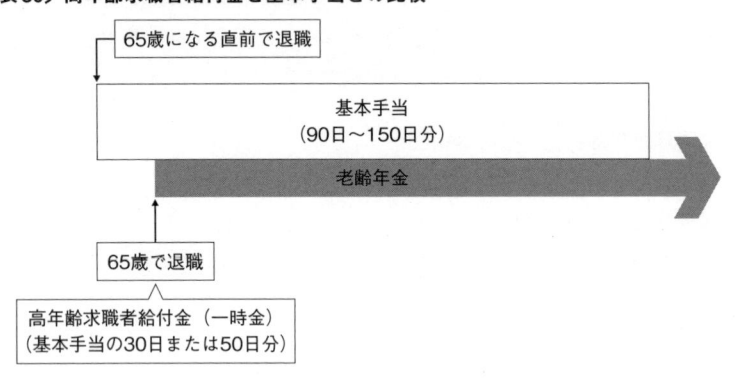

```
         ┌─ 65歳になる直前で退職
         ↓
    ┌─────────────────────────┐
    │      基本手当            │
    │   (90日～150日分)        │→
    └─────────────────────────┘
    ═══════════════════════════▶
              老齢年金
         ↑
       65歳で退職
   ┌─────────────────────┐
   │ 高年齢求職者給付金(一時金)│
   │(基本手当の30日または50日分)│
   └─────────────────────┘
```

> ＜失業給付の支給日数＞
> 定年退職者や自己都合退職者の場合（全年齢共通）
> ・被保険者であった期間が10年未満・・・90日
> ・被保険者であった期間が10年以上20年未満・・・120日
> ・被保険者であった期間が20年以上・・・150日

　ただし、定年退職や会社都合による解雇の場合を除いて3カ月の給付制限期間があり、退職金の算定にも影響が出ることがあるので、注意が必要です。
　では、「64歳の失業」と「65歳の失業」の境目はどこにあるのでしょうか。

（3）65歳以降に年金と基本手当を併給するための期限

　雇用保険法による年齢の計算方法は年金制度同様、「年齢計算に関する法律」をもとに定められています。この法律によると、実際の誕生日の前日（通常の考え方より1日前）に満年齢に到達することになっています。
　例えば10月3日が65歳の誕生日だったとすると、雇用保険では10月2日が65歳到達日となります。被保険者としては、10月2日までに離職していれば基本手当と年金が併給できると考えてしまいがちですが、雇用保険ではこの時点で65歳に達していることになり、基本手当ではなく高年齢求職者給付金の支給対象者となってしまいます。基本手当を受給したいのであれば、10月1日までに離職している必要があるのです。
　たった一日の違いで受給できる雇用保険に大きな違いが生じることになりますが、このような受給方法の選択は一種のテクニックであり、基本手当や高年齢求職者給付金が本来は再就職を目的とした給付であることも合わせて考えると、金融機関や事業主が積極的に推進すべきものではありません。ただし、労働者の側から求められたときに備えて、知っておくべき知識ではあります。

活用のヒント

　基本手当と高年齢求職者給付金の受給要件の違いについて理解した上で、65歳の前後で受給できる給付に違いが生じてくることを分かりやすく伝えましょう。

・「65歳になる直前に退職すると、65歳になってから退職した場合に比べて多くの失業給付を受給することができます。」
・「65歳になる直前に退職すると、雇用保険の面では有利になるようですよ。」
・「65歳になる直前に退職するときには、退職金の算定方法に影響が出ないか注意して下さい。」

　なお、離職の日付についてはトラブルを防止するために、必ず本人に直接、専門家やハローワークに確認してもらうように伝えましょう。

・「この場合の離職日は、実際の離職日とは違ってきますので、ハローワークで確認していただいたほうがよいと思います。」

　退職日が1日違うだけで、その後に受給できる雇用保険からの給付に大きな差が出る受給方法の選択は、一種のテクニックであり、金融機関が積極的に紹介すべきものではありません。設例のような場合に備えて、知識として知っておくべきことではありますが、「このほうが得になる」といった誤解を与えないように答えることが重要です。

・「労使双方でよく話し合っていただいて、決定するようにして下さい。」
・「詳細については、直接、ハローワークに確認していただいたほうがよいと思います。」

　なお、知識として身に付けておく方法としては、誕生日の2日前までに退職したという証明が必要であることを覚えておくとよいでしょう（10月3日が誕生日ならば10月1日に退職したという証明が必要になります）。

第7章

老齢年金

1. 年金請求に関する誤解

Case

　瀬田技研(株)はオートバイの販売・修理を主な業務とする会社です。瀬田社長は「オートバイに乗る若者が減ってきた」となげくものの、根強いファンに支えられ業績は堅調で、田中君の所属する支店とも長く取引があります。もうすぐ年金の受給権を得る瀬田社長に、年金の代行請求を提案してみました。

> こんにちは！
> 今日は年金請求の
> お手伝いをさせて
> いただこうかと思いまして
> お伺いしました

> 給与が高いから
> 年金を請求しても
> まったく貰えない
> みたいなんです
> どうせ貰えないなら
> 65歳になってから
> 請求するので
> 今はまだいいです

> そうですか
> 在職老齢年金の
> 全額支給停止の
> ことですね…

> ではまたその頃に
> お願いいたします

第7章　老齢年金

> **鈴木さんからのアドバイス**
>
> **田中**：『鈴木さん、やっぱり年金の獲得は難しいですね。貰えないのに請求してくれとは言えませんでした。』
> **鈴木**：『田中さん、そこで引き下がったのはもったいなかったですね。年金請求は速やかに行っておくべきなのですよ。年金請求の仕組みを正しく理解して、改めて瀬田社長には早めの請求をお勧めしましょう。』

　金融機関にとって特別支給の老齢厚生年金の請求を代行し、その口座を獲得することは、受給権者数や獲得できる年金額から重要な意味を持っています。しかし、設例のように特別支給の老齢厚生年金に関する知識不足が原因で、本来ならば獲得できた口座を取りこぼしてしまうことが少なくありません。

　特別支給の「特別」とはどのような意味なのか。この点についての知識をしっかり身に付けておくことが、顧客の誤解を解き、スムーズな年金請求につなげるための第一歩です。

（1）特別支給の老齢厚生年金

　通常、公的（老齢）年金の受給権が発生するのは65歳からになります。これに対し、厚生年金保険の被保険者期間が1年以上あり、かつ年金の受給権を満たす者に限って、65歳になるより前に、特別に早く年金の受給権を発生させるのが、特別支給の老齢厚生年金です。

　旧法では、サラリーマンは60歳で定年後、老齢年金を受給することが可能でした。その後、昭和61年の年金制度改正により、老齢年金の支給開始年齢が65歳に引き上げられた結果、突如5年間、年金が受給できなくなることを防止するため、特別に老齢年金の受給権を残すことにしました。これが特別支給の老齢厚生年金です。特別支給の老齢厚生年金はあくまで経過措置なので、昭和36年4月2日生まれ以後の男性、昭和41年4月2日生まれ以後の女性からはこの措置はなくなります〔図表31〕。ですから、特別支給の老齢厚生年金は65歳になるまで支給される有期年金であり、65歳からの本来支給の老齢年金は一生涯にわ

〔図表31〕特別支給の老齢厚生年金

■昭和16年（女性は昭和21年）4月2日以後に生まれた方は、60歳から65歳になるまでの間、生年月日に応じて、受給開始年齢が引き上げられます。

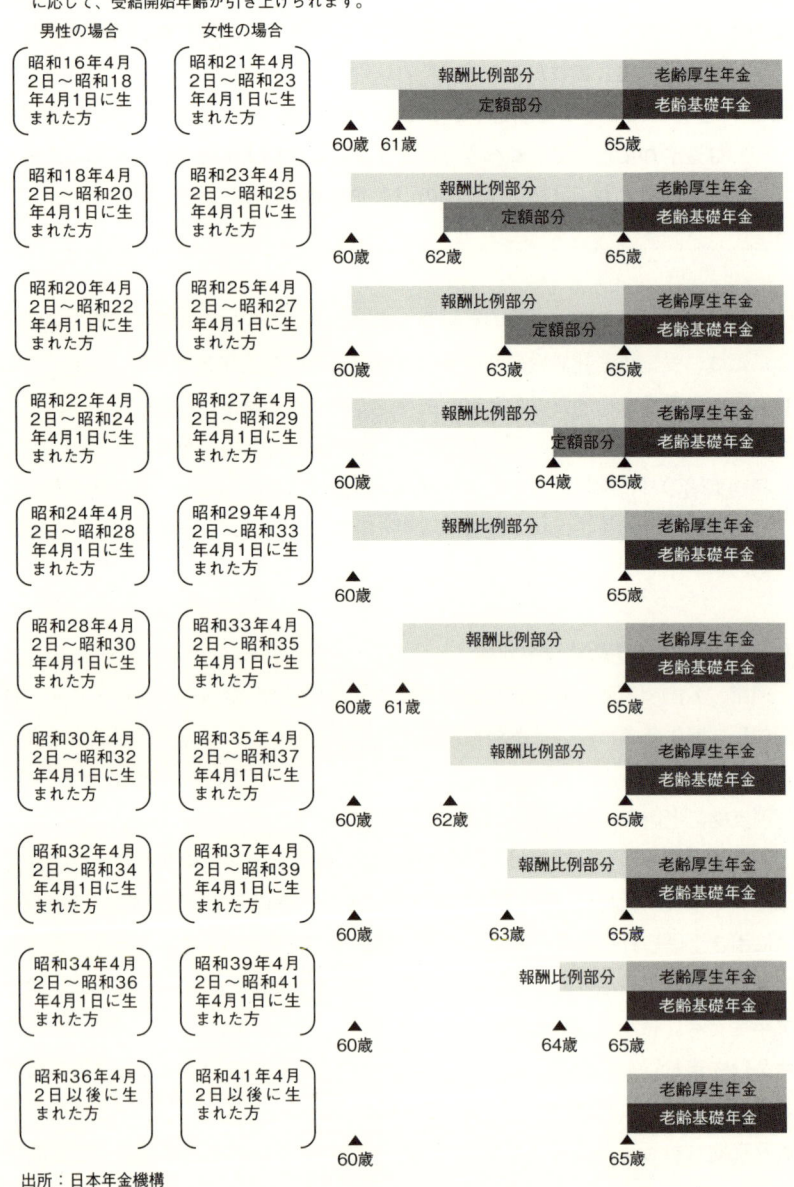

男性の場合	女性の場合	受給イメージ
昭和16年4月2日～昭和18年4月1日に生まれた方	昭和21年4月2日～昭和23年4月1日に生まれた方	60歳～：報酬比例部分／61歳～：定額部分／65歳～：老齢厚生年金・老齢基礎年金
昭和18年4月2日～昭和20年4月1日に生まれた方	昭和23年4月2日～昭和25年4月1日に生まれた方	60歳～：報酬比例部分／62歳～：定額部分／65歳～：老齢厚生年金・老齢基礎年金
昭和20年4月2日～昭和22年4月1日に生まれた方	昭和25年4月2日～昭和27年4月1日に生まれた方	60歳～：報酬比例部分／63歳～：定額部分／65歳～：老齢厚生年金・老齢基礎年金
昭和22年4月2日～昭和24年4月1日に生まれた方	昭和27年4月2日～昭和29年4月1日に生まれた方	60歳～：報酬比例部分／64歳～：定額部分／65歳～：老齢厚生年金・老齢基礎年金
昭和24年4月2日～昭和28年4月1日に生まれた方	昭和29年4月2日～昭和33年4月1日に生まれた方	60歳～：報酬比例部分／65歳～：老齢厚生年金・老齢基礎年金
昭和28年4月2日～昭和30年4月1日に生まれた方	昭和33年4月2日～昭和35年4月1日に生まれた方	61歳～：報酬比例部分／65歳～：老齢厚生年金・老齢基礎年金
昭和30年4月2日～昭和32年4月1日に生まれた方	昭和35年4月2日～昭和37年4月1日に生まれた方	62歳～：報酬比例部分／65歳～：老齢厚生年金・老齢基礎年金
昭和32年4月2日～昭和34年4月1日に生まれた方	昭和37年4月2日～昭和39年4月1日に生まれた方	63歳～：報酬比例部分／65歳～：老齢厚生年金・老齢基礎年金
昭和34年4月2日～昭和36年4月1日に生まれた方	昭和39年4月2日～昭和41年4月1日に生まれた方	64歳～：報酬比例部分／65歳～：老齢厚生年金・老齢基礎年金
昭和36年4月2日以後に生まれた方	昭和41年4月2日以後に生まれた方	65歳～：老齢厚生年金・老齢基礎年金

出所：日本年金機構

たって支給される終身年金であるともいえます。特別支給の老齢厚生年金と65歳から支給される本来支給の老齢厚生年金は別の種類の年金なのです。

(2) 年金給付を受ける権利(基本権)の時効は5年

　原則として、受給権が発生した年金給付を受ける権利(基本権)は5年で時効になってしまいます。この期間を過ぎると1カ月ずつ、本来受給できるはずであった年金を受給し損ねる可能性が出てきます。仮に60歳で受給権が発生している年金を65歳になってから請求したとします。必要書類等に不備があり、思わぬところで時間がかかってしまうかもしれません。その結果、本来受給できるはずであった年金の一部を受給できなくなることもあり得るわけです。不測の事態に備える意味でも、年金請求は受給権が発生したら速やかに行っておくべきなのです。各支払い月の年金の支払いを受ける権利(支分権)や、年金時効特例法による取り扱いはこれとは異なりますが、原則論を知っておいて下さい。

(3) お客様が年金請求をしたがらない理由

　最近では将来に対する不安も高まり、定年近くなると公的年金について個人的に勉強される方も多くいらっしゃいます。しかし、公的年金制度は複雑であるがゆえに、制度に関する誤解を招き、実際には年金を請求すべきなのにもかかわらず、請求をためらってしまうことが多いようです。

①繰上げ請求と混同してしまう場合の対応方法

「早く請求すると減額される?」

　老齢年金には、繰上げ請求の制度があります。この繰上げ請求と特別支給の老齢厚生年金についての知識を混同してしまうことがあります。

　繰上げ請求をするということは、早めに請求を済ませれば済ませるほど、将来にわたって減額された年金を受給することにつながります。そのため、早めに年金を請求すること自体が、繰上げ請求そのものであり、その後減額された年金を受給することになると誤解されることがあります。

　では、なぜ特別支給の老齢厚生年金を請求することが、減額された年金を受け取ることのように感じられるのでしょうか。

　特別支給の老齢厚生年金は〔図表31〕のように、段階的に支給開始年齢が引

き上げられています。定額部分の支給開始または65歳からの国民年金の支給開始を境にして年金額が一気に増加する印象を持つはずです。別な見方をすれば、それまでは少ない年金を受け取ることになると感じられるともいえます。この少ないと感じることが、繰上げ請求による減額された年金の受給と混同されることがあるのです。そのため、65歳まで待って年金請求をすれば、減額されずに満額の年金を受給できるものと考えてしまうのです。

　このような場合、特別支給の老齢厚生年金の請求と、国民年金の繰上げ請求とは全く別の種類の請求であり、特別支給の老齢厚生年金の請求をしたからといって年金額が減るわけではないことを伝えて下さい。また、特別支給の老齢厚生年金の請求を済ませておかないと、65歳になる前に、「国民年金・厚生年金保険老齢給付年金請求書」（65歳以降の老齢年金をそのまま受給するのか、あるいは繰下げ受給するのかを確認するハガキ）が送られてこないので、本来支給（満額）の年金がスムーズに受給できなくなるおそれがあることも伝えておくとよいでしょう。その上で、年金給付を受ける権利（基本権）の時効は5年であることを伝え、年金を請求できる年齢に達したら、速やかに請求を済ませておくことが重要であることを案内して下さい。

②繰下げ請求と混同してしまう場合の対応方法
　　「待っていれば増額される？」

　老齢年金には、繰上げ請求とは反対に繰下げ請求の制度もあります。この繰下げ請求と特別支給の老齢厚生年金の知識を混同してしまうこともよくあります。

　繰下げ請求をするということは、請求を待っていれば待っているほど（ただし、70歳が限度）、将来にわたって増額された年金を受給することにつながります。そのため年金の請求をしないでいること自体が、繰下げ請求そのものであり、あとで増額された年金を受給することになると誤解されることがあります。

　では、なぜ特別支給の老齢厚生年金を請求しないで待つことで、あとで増額された年金を受け取ることができるように感じられるのでしょうか。

　〔図表31〕をご覧下さい。既にお気づきの方も多いかと思いますが、定額部分の支給開始または65歳からの国民年金の支給開始による年金額の増加そのものが、繰下げ請求と混同されることがあるのです。特に現在、定額部分の支給引下げが行われている女性にこの傾向が強いようです。

このような場合、特別支給の老齢厚生年金の請求と、繰下げ請求とは全く別の種類の請求であることを説明した上で、特別支給の老齢厚生年金の請求を済ませておかないと、繰下げ請求の意思確認に必要な「国民年金・厚生年金保険老齢給付年金請求書」（ハガキ）が送られてこないことを伝えるとよいでしょう。特別支給の老齢厚生年金の請求が、繰下げ請求の事前準備になっているのです。その上で、年金給付を受ける権利（基本権）の時効についても忘れずに説明します。

（4）在職老齢年金との関係について

設例のような場合、離職後の生活設計のために、あらかじめ請求を済ませておく重要性についていかにうまく伝えられるかがポイントとなります。

離職後の生活設計を考えた場合、65歳になってから年金請求の手続きをしたのでは、定期的な年金収入を得るまでに5カ月前後かかってしまいます。あらかじめ所定の請求を済ませておけば、そこまで待たされる心配はありません。離職後の不測の事態を防止するためにも、年金請求を速やかに済ませておく重要性について理解を得ましょう。今は慌てて年金を請求するつもりはないと思っている方に対しては、後で慌てずに済むよう速やかに年金請求をしたほうがよいことを伝えるべきなのです。

また、「65歳以降も在職する予定なので、今は年金の請求をするつもりはない」、あるいは「65歳以降も給与が高いだろうから、年金は貰えないだろう」などの発言があった場合には、国民年金の支給開始について説明できるかがポイントとなります。

65歳になると特別支給の老齢厚生年金の定額部分相当は老齢基礎年金として支給されます。国民年金の老齢基礎年金は生活の土台となる年金です。そのため在職老齢年金の支給停止の対象にはなっていませんから、65歳以降に在職老齢年金の支給停止の対象になっている方でも、少なくとも老齢基礎年金の支給は開始されることになります。この機会に年金請求を済ませておけば後で慌てずに済むので、将来の生活設計が立てやすくなることを伝え、獲得につなげて下さい。

なお、本人が全額支給停止だと思っていても、在職老齢年金の支給額に影響してくる賞与の額や給与体系の変更などによって、65歳までに年金が一部支給される可能性もあります。年金給付を受ける権利（基本権）の時効は5年であるこ

とを説明し、本来受給できるはずであった年金をもらい損ねることがないように案内することも心掛けて下さい。

🌱 活用のヒント

　代表取締役や役員のような方に対して年金の代行請求を依頼すると、「収入が多いので、年金を請求しても全額支給停止になってしまうから、今は請求しても仕方がない」といった返事が返ってくることがよくあります。

　このような場合、今、年金の請求を済ませておくことが、後々のリスクを減らすことにつながることを次のように伝えてみましょう。

- **「年金給付を受ける権利（基本権）の時効は5年です。早めに請求を済ませておけば、うっかりもらい忘れる心配もありません。」**
- **「例えば、65歳で会社をお辞めになった場合でも、今、年金の請求を済ませておけば、65歳以降、速やかに年金収入を得ることができます。」**

　特別支給の老齢厚生年金の請求をすることが、老齢年金の繰上げ請求をすることだと考えているなど誤解しているお客様も多くいらっしゃいます。以下のようにこの誤解を解くだけでも、年金受取口座の獲得へとつながります。

- **「60歳から受け取れる特別支給の老齢厚生年金を請求したからといって、将来の年金額が少なくなるわけではありませんので、安心して下さい。」**
- **「特別支給の老齢厚生年金を請求することと、年金を繰上げ請求することとは全く別のことですよ。今、年金を請求したからといって、繰上げ請求のように65歳からの年金額が減ることはありませんから、安心して下さい。」**
- **「定額部分の支給開始まで待てば、年金が増えるわけではありません。今、請求を済ませても、定額部分の支給開始年齢が来れば自動的に年金が増えますから安心して下さい。」**

　なお、特別支給の老齢厚生年金の支給開始年齢の引上げや定額部分の支給開始のスケジュールについては、口頭だけでの説明では伝わりにくいはずです。本書の図表などを活用して、分かりやすい説明を心掛けて下さい。

　特に女性の年金請求に関して、定額部分についての質問の多さを実感できるはずです。

第7章 老齢年金

2. 事業主への協力依頼

Case

　先日、田中君の支店で年金相談会を開催し、近所に住む柴田製作所(株)の柴田社長にも、仕事の合間を縫って参加していただきました。柴田製作所は主にボルトやネジの製造を行っている会社で、柴田社長がサラリーマンを経験した後設立した会社ですが、社長は身の周りのこととなると奥様に頼り切りのようです。後日、田中君が書類の預かりのために会社へお邪魔したときのことです。

先日は年金相談会に参加いただきありがとうございました

そのときお話したと思いますが年金請求を代行させていただくのに必要な年金手帳もお貸しいただけないですか？

うちの奥さんが管理してるんだよ

取りあえずコピーをとってきたけどやっぱりダメかな？

あれ？どうだったかな？

> **鈴木さんからのアドバイス**
>
> 田中：『請求のときに使う年金手帳は原本でなければだめですか？コピーで済めばそのほうが助かることが多いのですが。』
> 鈴木：『基本的に代行手続きの場合は年金手帳の原本が必要になります。ただし、便宜上、コピーでも構わない書類もありますから注意して下さい。』

（1）本人の年金手帳（基礎年金番号通知書）

　年金請求の代行手続きのために年金手帳（基礎年金番号通知書）を預かろうとしたところ、「会社に保管してあるから」、あるいは「できるならば原本は預けたくない」といった理由で断られてしまった経験はありませんか。

　代行手続きの場合には、本人の添付書類は原則として原本が必要になります。これは請求に際して手帳の中身を確認し、記録に漏れがないかを確認するとともに、年金手帳（基礎年金番号通知書）に年金請求を行った日を確定するための押印を行うためです（ただし、一部、押印を行っていない年金事務所もあります。その場合でも、原本の提示が必要になります）。

　本人が直接年金事務所へ行く場合には、直接本人とのやりとりで解決できますが、代行手続きの場合にはそうはいきません。本人以外の第三者が請求することによるトラブルを防止するためでもありますから、金融機関にとってもありがたい措置だといえます。ただし、配偶者の添付書類については便宜上、基礎年金番号が分かる公的な書類（年金手帳、基礎年金番号通知書、国民年金保険料の納付書など）のコピーで対応しても構わないことになっています。

　なお、平成23年度からのねんきん定期便には、個人情報保護のため、基礎年金番号の代わりに照会番号が記載されています。配偶者の基礎年金番号を証明する書類の代わりとして照会番号の記載されたねんきん定期便（コピー可）を利用することは可能です。

（2）雇用保険関係の書類

　前述のように、本人の添付書類は原則として原本が必要になりますが、年金の

請求と同時に雇用保険の手続きを行う可能性があるため、雇用保険に関する書類のみ、便宜上コピーでも構わないことになっています。

(3) 基礎年金番号

　平成9年1月からそれまで制度ごとにバラバラだった年金番号を統一し記録の漏れ等を防止するため、1人1つの基礎年金番号に統一されました。このため、現在では転職をしても基礎年金番号をもとに年金記録を管理することができるようになりましたが、以前は転職や引っ越しのたびに年金手帳を作り直すことがあったため、人によっては複数の年金手帳を所有していることがあります。
　こういった場合、各手帳の記録が統合されていない可能性があるため、全ての手帳を預かった上で手続きを代行すべきですが、なかでも重要なのが基礎年金番号の記載された年金手帳（あるいは基礎年金番号通知書）を預かることです。原則としてこの番号の記載された年金手帳（あるいは基礎年金番号通知書）がなければ代行手続きを受け付けてもらえません。
　どの番号が基礎年金番号なのかはっきりしないときには、ターンアラウンド（事前送付）用の年金請求書の表紙に記載されている基礎年金番号で判断するとよいでしょう。

(4) 年金請求書の押印欄

　年金の請求用紙〔図表32〕をご覧下さい。ターンアラウンド（事前送付）用、その他の様式を問わず「請求者が自ら署名する場合は、請求者の押印は不要です」と記載されているはずです。
　これは年金請求をする本人が直接、年金事務所で手続きをする場合には、「その場で本人確認できるため、押印までは求めない」という趣旨のものです。
　金融機関等が年金の代行手続きを行う場合、「署名＋押印」欄には全て押印が必要です。顧客の側からすれば年金請求書に書かれたとおりに記入したのに、なぜ押印が必要なのかと疑問に思うはずです。押印を求められることへの一般的な警戒心も手伝い、身構えてしまうのは無理もありません。
　年金請求書は、金融機関での代行手続きを前提に作られていないことを理解してもらい、押印漏れがないように気をつけましょう。

〔図表32〕年金の請求用紙

活用のヒント

　設例のようにコピーでの対応を依頼してくる理由の裏には、「大切にしている年金手帳まで他人に預けたくない」という心理があると考えられます。金融機関としては当然のことですが、書類の預かりに関する記録を残すなどして誠意ある対応を行いましょう。年金手帳についてコピーでの対応を依頼された場合には、以下のように伝えるとよいでしょう。

・**「年金事務所からは、原本の提出を依頼されています。手帳の中身を確認し、記録に漏れがないかを再確認するとともに、年金手帳（基礎年金番号通知書）に年金請求を行った日の押印を行うために必要になりますので、ご協力下さい。」**

　年金請求を行うにあたってお客様からお預かりする書類について、原本が必要なのか、それともコピーで構わないのかという基準について悩んでしまうことがあるかと思います。

　原則として、以下のものはコピーで対応できることを覚えておくと便利です。

1. 雇用保険の被保険者証（雇用保険の被保険者番号が分かる書類）
2. 住民票コード通知票
3. 配偶者の年金手帳（基礎年金番号通知書、基礎年金番号の分かる書類）

　また、配偶者の基礎年金番号が分かる書類が見つからない場合には、照会番号の記載されたねんきん定期便（コピー可）を利用できることも併せて確認しておきましょう。

3. 夫婦別世帯の年金請求

Case

　田中君の担当先である(株)小堺運送は、主に医療機関向けにレントゲンなどの精密機器の運送を行っている従業員数十人の運送会社です。専務の関根さんは、単身赴任をして自宅から遠く離れた営業所で従業員の指揮をとっています。田中君が関根さんの奥様の年金請求を任せていただいたときのことです。

年金の手続きを任せて
いただきありがとう
ございます
早速ですが役所から戸籍
謄本・世帯全体の住民票・
奥様の今年度の課税
証明書を取り寄せて
いただきたいのですが

夫は単身赴任しているの
住民票はそちらに
移してあるのよ
どうしようかしら

参ったな
イレギュラーなケースだ
どうしたらいいか分か
らないや
鈴木さんに聞いてからに
したほうがいいな

こらっ！

申し訳ありません
あまりないことなので
どうしたらいいのかを
確認させてください

よろしく
お願いしますね

鈴木さんからのアドバイス

田中：『たしか住民票って、夫婦が同じ屋根の下で生活していることを証明する書類ですよね。夫婦が別々に住んでいる場合には、どのように対応すればいいのですか？』

鈴木：『さすが田中さん。なぜその書類が必要なのかを理解していれば今回のような件についても正しい判断をする手助けになりますね。この場合、夫婦の住民票のそろえ方や生計維持証明書の記入など、通常と違う手続きが必要になります。勤務先（小堺運送）にもご協力いただきます。』

　イレギュラーな年金請求で代表的なものが、夫婦別世帯での年金請求です。
　加給年金・振替加算の対象となっている夫婦が年金請求をする際に、世帯全体の住民票を添付するのは、現住所を確認し、なおかつ夫婦が実際に同じ屋根の下に住み、実際に生計を同一にしているのかを確認するためです。その上で、厚生年金保険の加入期間や収入要件（振替加算の対象者の年収が850万円未満）などを満たした場合に加給年金・振替加算の対象者となることができます。
　では、その他の要件は満たしているものの、夫の単身赴任などが理由で住所が別々になっている場合にはどのように対応すべきでしょうか。この場合は「生計同一関係に関する申立書」を添付し、年金を請求します。夫婦の生計同一関係が認められれば、加給年金・振替加算の対象者となることができます。
　この用紙に、「別居していることの理由」、「経済的援助についての申立」、「定期的な音信・訪問についての申立」、「第三者による証明」などを記入し、事実関係を証明します。
　設例の場合、「別居していることの理由」については、夫の単身赴任の内容についてできるだけ詳細に記入し、「経済的援助についての申立」については、夫の給与で妻が扶養されていることについてできるだけ詳細に記入する必要があります。「第三者による証明」については、事情を知っている友人などでも構わないのですが、状況を把握している夫の勤務先の事業主等に証明をもらうのがよいでしょう。「生計同一関係に関する申立書」は年金事務所で入手することができ

ます。

　年金請求の代行に限ったことではありませんが、数をこなせばこなすほど（仕事ができるようになればなるほど）、複雑な案件に直面してしまうものです。一見難しそうなことがあっても顧客の負担を減らすことを第一に考え、慌てず速やかに対応していきましょう。

活用のヒント

　年金は通常の請求であっても、さまざまな書類が必要になり面倒な印象を受けやすいものです。加えて「生計同一関係に関する申立書」の記入が必要になったとすると、請求そのものを敬遠されてしまうこともあり得ます。

　そこでポイントとなるのが、必要な手続きを行うことによって年金額が増える可能性があるということを伝えることです。年金額を増やすための手続きという観点で説明をし協力してもらうようにしましょう。後日、訪問の際には次のように伝えるとよいでしょう。

・「ご夫婦の住所が別々の場合、それぞれの世帯全体の住民票が必要になります。また、別々に暮らしてはいても奥様が旦那様に生計を維持されていることを証明する、『生計同一関係に関する申立書』の記入も必要になります。ご面倒かとは思いますが、年金額の増加につながることですので、ご協力下さい。」

　年金額が増えることに対しては、以下のように説明して理解を求めましょう。

・「振替加算額として、奥様が65歳以降に年金額が増加します。この加算のために、別々にお住まいのご夫婦の生計維持関係を証明する必要があります。」

　年金の請求をするにあたって、状況により子の在学証明書や配偶者の就業規則などの提出を求められることがあります。

　請求前に必要書類の確認が取れていれば、それに越したことはありません。しかし実務上、イレギュラーなケースに突き当たり、請求手続きを進めていくなかで、必要書類がはっきりしてくることがあったとしても、それはある程度やむを得ないことのように思われます。

　このような場合には、お客様の負担をできるだけ軽減するために、不足書類の依頼は必ず1回で済むようにしましょう。

4. 65歳時の注意点

Case

　君野スポーツ用品店(株)は、田中君の所属する支店の近くにあり、一般向けにスポーツ用品を販売するほか、近隣の小中学校に体操着や上履きなどを納入しています。君野社長は65歳になりましたが、君野社長の奥様は、どうやら君野社長の年金のことが気になっているようです。

（奥様）
夫の年金だけど
まだ振り込まれて
いないようなの
65歳になれば
少しは貰えるんじゃ
なかったの？

（奥様）
田中さんの前任者の方に
お願いしたはずよ
その時に65歳になれば
年金がもらえるようになるって
聞いたのよ

（田中君）
今までは在職老齢
年金の影響で全額
支給停止だったん
ですね
そのまま受給するので
あれば送られてきた
ハガキを返信するよう
ですが
その前に年金の手続きは
済まされていますよね？

（田中君）
わかりました
考えられる理由を
確認してきますので
少しお時間を
いただけないでしょうか

鈴木さんからのアドバイス

田中：『君野社長の場合、どのようなことが考えられるのでしょうか？』
鈴木：『特別支給の老齢厚生年金の受給権者が65歳になったときのことですね。特別支給の老齢厚生年金をうっかり請求し忘れていた場合には、時効の問題も生じてきますので速やかに対応しましょう。特別支給の老齢厚生年金の請求が既に済んでいたのなら、65歳からの年金請求が必要になります。』

（1）65歳からの在職老齢年金

　代表取締役や役員は一般的に給与が高いことが多いため、特別支給の老齢厚生年金の請求を済ませていたとしても、65歳までは全額支給停止になってしまうことがよくあります。この場合でも、前述したように65歳からは老齢基礎年金の支給が開始されますので、速やかに年金請求は済ませておくべきですが、年金が全額支給停止になっているために実際に年金請求を済ませたかどうかがはっきりしないことがあります。年金証書がみつからない場合であっても、年金手帳や基礎年金番号通知書に「老齢年金の請求受領済み」の押印がされていることがほとんどですので、容易に確認することができます。

　65歳以降も在職する場合の在職老齢年金の支給停止の計算方法は、65歳までとは異なります。

> ＜65歳以降の在職老齢年金の計算方法＞
> 老齢厚生年金の月額※＋総報酬月額相当額≦46万円→全額支給
> 老齢厚生年金の月額＋総報酬月額相当額＞46万円
> 　　　　　↓
> 老齢厚生年金の月額から以下の額が減額されます。
> （老齢厚生年金の月額＋総報酬月額相当額－46万円）×1／2
> ※老齢厚生年金の月額には加給年金は含まれません。

　つまり、老齢厚生年金の月額と総報酬月額相当額を合計し、46万円を引いた後の半額分が老齢厚生年金の月額から減額されるということです。

なお、減額される額が老齢厚生年金の月額以上になった場合には、老齢厚生年金は支給されませんが、この減額の対象に老齢基礎年金は含まれていませんので、少なくとも65歳になれば老齢基礎年金は受給できることになります。

（2）第2の年金請求（65歳からの本来支給の年金請求）

特別支給の老齢厚生年金の請求を済ませておくと、65歳になる前に本来支給の老齢年金について確認をするハガキが送られてきます。このハガキを「国民年金・厚生年金保険老齢給付年金請求書」といい、このまま65歳以降の年金の支給を開始してよいのか、それとも年金の支給を一時止めて、繰下げ請求をする意思があるのかを確認するためのものです。第2の年金請求であるともいえます。

65歳以降、引き続き本来支給の老齢年金を受給したい場合には、必要事項を記入した上で速やかにハガキを返送します。また、老齢基礎年金、老齢厚生年金のどちらか片方のみの繰下げを希望する場合には、いずれかの希望欄に○をして返送をしますが、老齢基礎年金と老齢厚生年金の両方を繰下げしたい場合には、このハガキを返送しないように注意して下さい。ただし、65歳以降も引き続き年金の受給を希望しているのにもかかわらず、ハガキの返送を忘れていると、老齢基礎年金と老齢厚生年金の両方の繰下げを希望していると判断され年金の支給が停止されてしまいますので、この点にも注意が必要になります。

なお、このハガキを紛失してしまった場合には、日本年金機構のホームページから同様の請求用紙をダウンロードすることができます。

（3）70歳以降の厚生年金保険と健康保険

高年齢者雇用安定法の影響もあり、今後は70歳以降も現役に留まる方が増えてくるかもしれません。原則として70歳以降は厚生年金保険には加入しませんが、65歳以降の在職老齢年金の仕組みはそのまま適用され続けることになっています。つまり、70歳以降は厚生年金保険料の支払いはないものの年金の減額対象にはなる、ということです（昭和12年4月2日以後生まれの方が対象）。

なお、この場合でも原則として健康保険には加入し続けますが、75歳になると後期高齢者医療制度の対象者となり健康保険の被保険者資格を喪失します。また、扶養に入っている家族がいれば同時に健康保険の被保険者資格を喪失します

ので、別途、国民健康保険等に加入し直す必要が生じます。

活用のヒント

　年金が在職老齢年金の仕組みで全額支給停止になっていたとしても、65歳になれば老齢基礎年金の部分は受給することができるようになります。年金を受給する気持ちがあるのに、まだ振込みが始まっていないということであれば、65歳になる前に送られてくる「国民年金・厚生年金保険老齢給付年金請求書」というハガキの返信を忘れているかもしれません。ハガキなので、見過ごしてしまっていることもあり得ます。

　設例の場合、以下のように65歳以降に受給する老齢基礎年金は在職老齢年金による支給停止の対象にはならないことを伝えつつ、「国民年金・厚生年金保険老齢給付年金請求書」の提出が済んでいるかを確認するようにするとよいでしょう。

・「65歳からの老齢年金のうち、基礎年金の部分は在職老齢年金の支給停止の対象にはなりません。」
・「老齢基礎年金は65歳になれば在職していても必ず受給できます。」
・「65歳になる前に送られてくる老齢年金に関するハガキの返信はお済みでしょうか。」

　なお、老齢年金には繰下げ請求といって、66歳以降の年金請求を1カ月待つごとに0.7％（年額8.4％）年金額を増加させることができる制度があります。この繰下げ請求は70歳になるまで行うことができるため、年金額を最大42％増加させることが可能です。

　この繰下げ請求は老齢基礎年金、老齢厚生年金のいずれか一方、または双方ともに行うことができるのが特徴です。

　いずれか一方のみを繰下げ請求する場合には、「国民年金・厚生年金保険老齢給付年金請求書」の該当欄に繰下げを希望する年金にだけ「○」をして返送し、双方とも繰下げ請求を希望する場合には、「国民年金・厚生年金保険老齢給付年金請求書」そのものを返送しないようにします。

　66歳以降に繰下げ受給を希望する際に、その旨の手続き（繰下げ請求）を行

うことで、年金額を増額することができます。

　ただし、この繰下げ請求の年金額には、加給年金額や配偶者振替加算額は含まれていないことに注意が必要です。

　繰下げ請求をするために老齢厚生年金の支給を停止した場合には、同時に加給年金額や配偶者振替加算額の支給も停止になりますが、これらの加算額は支給が停止されるだけで増額の対象にはなっていないのです。

　また、在職老齢年金による支給停止額があった場合には、その金額を除いた部分のみが繰下げ請求の対象になります（65歳以降に老齢厚生年金が全額支給停止になっていたら、その部分は繰下げ請求の対象にはなりません）。

　以上の点を踏まえつつ、長生きリスクに備えて繰下げ請求を選択することも可能ですが、金融機関としては、支給される年金額全体を把握しなければいけないことや、万一、繰下げ待期中に亡くなられた場合などのリスクも踏まえて、最終的にはお客様が判断するように案内しましょう。

・「繰下げ請求をするのであれば、『国民年金・厚生年金保険老齢給付年金請求書』の「○」のつけ方に注意して下さい。」
・「長生きのリスクに備えて繰下げ請求をする方法もあります。」
・「万一、繰下げ待期中に亡くなられた場合には、年金が受給できなくなることをご承知置き下さい。」

「相談される金融マン」になるための
労働・社会保険＆助成金活用ガイドブック

平成26年6月22日　第1刷発行

著　者　鈴木　邦彦
発行者　加藤　一浩
発行所　株式会社きんざい
　　　　〒160-8520　東京都新宿区南元町19
　　　　電話　03-3358-2891（販売）
　　　　URL　http://www.kinzai.jp/

デザイン　タクトシステム株式会社　　印刷所　図書印刷株式会社
ISBN 978-4-322-12432-3　　Ⓒ KINZAI 2014

・本書の全部または一部の複写、複製、転訳載および磁気または光記録媒体、コンピュータネットワーク上等への入力等は、特別の場合を除き、著作者、出版社の権利侵害となります。
・落丁、乱丁はお取換えします。定価はカバーに表示してあります。